JUSTO L. GONZÁLEZ

CRISTO ENTRE NOSOTROS, LA ESPERANZA DE GLORIA

LA EPÍSTOLA A LOS COLOSENSES

PATMOS

Cristo entre nosotros, la esperanza de glória

Publicado por Editorial Patmos, Miramar, FL 33025

Revisado por Marian Belmonte y Regina Romano
Diseño de interior y portada por Elisangela Santos

ISBN: 978-1-64691-272-8
eISBN: 978-1-64691-273-5

Categoría: REL006820 Religión / Comentario bíblico / Nuevo Testamento / Epístolas Generales
Impreso en Colombia | *Printed in Colombia*

CONTENIDO

LISTA DE ABREVIATURAS

BAC	Biblioteca de Autores Cristianos
BJ	Biblia de Jerusalén
CSEL	Corpus scriptorum ecclesiasticorum latinorum
GAF	Grandes Autores de la Fe
NVI	Nueva Versión Internacional
RVA	Biblia Reina-Valera Actualizada
RVR	Biblia Reina-Valera Revisada (1995)
VP	Biblia Versión Popular

INTRODUCCIÓN

La Epístola a los Colosenses me ha fascinado por largo tiempo, y he soñado con escribir un comentario acerca de ella. Por eso ahora, al escribir este comentario, lo hago con trepidación, sabiéndome inepto para hacerle justicia a la carta misma y, sin embargo, sintiéndome llamado a comunicarle a la iglesia algo de la amplia visión teológica y práctica que se encuentra en ella. Parte de mi fascinación con esta brevísima carta es su amplia visión del carácter cósmico del evangelio. Y otra parte es también sus diferencias y sus semejanzas con otros libros del Nuevo Testamento.

La carta en el contexto del Nuevo Testamento

Cuando la estudiamos en el contexto de todo el Nuevo Testamento, la Epístola de San Pablo a los Colosenses tiene cuatro características notables que, en conjunto, la hacen única en la literatura del Nuevo Testamento. La primera de esas características, y la más evidente, es que esta epístola va emparejada con otra de carácter más personal, aunque también dirigida a la comunidad cristiana en Colosas. Se trata de la brevísima epístola a Filemón, cuya relación con Colosenses frecuentemente se nos oculta porque, en el orden presente de los libros del Nuevo Testamento, entre la Epístola a los Colosenses y la que va dirigida a Filemón se interponen las dos Epístolas a los Tesalonicenses, las dos a Timoteo y la que se dirige a Tito. El hecho de que Filemón haya sido parte de la iglesia en Colosas queda claramente manifiesto al comparar los nombres de las personas mencionadas en Colosenses con los que aparecen en Filemón. La presencia de los mismos nombres muestra que ambas cartas van dirigidas a la misma comunidad cristiana. Sobre estos nombres y otros detalles volveremos en el análisis más detallado de Colosenses. Por ahora, aunque de pasada, cabe señalar que, aunque pensamos que la Epístola a Filemón va dirigida únicamente a él, tal no es el caso, como se ve al principio mismo de la carta, en la que Pablo se dirige « a Filemón el amado y colaborador nuestro, a la hermana Apia, a Arquipo nuestro compañero de milicia, y a la iglesia que está en tu casa » (Flm. 1-2). Por otra parte, a pesar de tales saludos que indican que Pablo conoce al menos los nombres de algunos de los miembros de la iglesia en esa ciudad, el apóstol mismo no parece haber visitado Colosas, pues se dirige a sus lectores como personas que se cuentan entre "todos los que nunca me han visto personalmente" (Col 2:1), al igual que los creyentes de Laodicea, a quienes Pablo se refiere en el mismo versículo. Por otra parte, el tono de la Epístola a Filemón muestra que Pablo era bien conocido por la comunidad cristiana en esa ciudad y que, por tanto, esperaba que se les diera autoridad a sus palabras. Así, Pablo no solamente le ruega a Filemón que reciba a Onésimo como hermano, sino que también se lo ordena, al decir: "habiendo confiado en tu obediencia, te escribo sabiendo que harás aún más de lo que te digo" (Flm 21). Hay en el Nuevo Testamento otras dos iglesias a las que Pablo escribe más de una carta: la de Corinto y la de Tesalónica. Pero, en ambos casos, se trata de una secuencia de cartas mientras que, en el caso de Colosas, las dos cartas, una a la iglesia en general y otra a Filemón y aparentemente también a algunos otros en la misma iglesia, se nos presentan como escritas al mismo tiempo y enviadas mediante el mismo portador.

La segunda característica notable de Colosenses es su paralelismo con Efesios. Naturalmente, es posible encontrar en diversos lugares breves pasajes en los que Pablo usa palabras o expresa ideas semejantes. Pero la similitud entre Efesios y Colosenses es mucho mayor. Esto ha llevado a los eruditos a varias explicaciones, sobre las cuales volveremos al tratar sobre el autor y la fecha de composición de la carta.

En tercer lugar, Colosenses se asemeja a Romanos, por cuanto ambas cartas se dirigen a creyentes a quienes Pablo no conoce personalmente. Esto se nota particularmente en el uso de largas oraciones con una serie de cláusulas subordinadas, como sucede cuando hoy escribimos a quien no conocemos. En tales casos, queremos asegurarnos de que todos los detalles queden claros y todos los puntos estén bien colocados sobre las íes, con la consecuencia de que nuestras oraciones gramaticales se prolongan.

Por último, y en cuarto lugar, Colosenses es una de las llamadas "epístolas de la prisión": Filipenses, Efesios, Filemón y Colosenses. En la carta que estudiamos, Pablo se declara prisionero (4:3, 10, 18). Lo mismo hace en Filemón 1, en Efesios 4:1 y repetidamente en Filipenses 1. Más adelante hablaremos sobre cómo se relaciona esto con la cuestión de la fecha de la carta misma. Pero por ahora baste con señalar que, aun entre las epístolas de la prisión, Colosenses es única por todo lo que acabamos de mencionar.

Una carta única

Dicho todo eso, también es importante subrayar el enorme alcance de Colosenses en contraste con su brevedad. En la Biblia que uso corrientemente, Colosenses ocupa tres páginas. Efesios, que se parece mucho, tiene casi el doble de longitud. Pero, a pesar de esa brevedad, Colosenses nos presenta una de las visiones más amplias en todo el Nuevo Testamento. En ella se habla de Cristo como "el primogénito de toda creación" (1:15), en quien "fueron creadas todas las cosas que están en los cielos y en la tierra, visibles e invisibles… Él antecede a todas las cosas y en él todas las cosas subsisten" (1:16-17). Y en Él habita "toda la plenitud" (2:9). Al mismo tiempo, esa amplísima visión se remonta al principio mismo de toda la creación, y al "misterio de Dios" que, según la epístola, es Cristo mismo, en quien "están escondidos todos los tesoros de la sabiduría y el conocimiento" (2:3). Ese Cristo cósmico es también un personaje histórico, el Cristo que murió y resucitó por los creyentes. Aquí se habla de la relación entre la muerte y resurrección de Jesús y la muerte y resurrección del creyente en el bautismo. Pero, además de esta gran visión, esta epístola lo lleva todo a términos concretos en cuanto al modo en que los cristianos han de vivir; es decir, a una ética para la vida cotidiana fundamentada en el misterio de los siglos: Cristo mismo.

Además, todo esto se hace con un estilo apropiado por una parte a la gran visión cósmica de la epístola, y por otra a la vida cotidiana de los creyentes. Hay porciones de esta carta cuyo ritmo las asemeja a un himno, y hay otras que son muy sencillas, concretas y directas. Y, de un modo magistral, ambas cosas se combinan en un todo coherente.

El autor

La epístola misma declara haber sido escrita, o dictada, por Pablo y Timoteo (1:1). Esto se mantuvo indiscutible hasta que la crítica moderna comenzó a plantear cuestiones de autoría sobre prácticamente todos los libros de la Biblia. En el caso de Colosenses, la mayoría de los eruditos parece inclinarse a pensar que se trata de una carta seudónima. Los argumentos que se aducen tienen que ver con la diferencia entre el estilo de esta carta y la de Efesios, por una parte, y el del resto del corpus paulino por otra. Ciertamente, Colosenses y Efesios tienen un estilo más elaborado que Gálatas y las dos epístolas a los Corintios, al mismo tiempo que se acercan más a Romanos. Además, hay en Colosenses y Efesios poco más de cuarenta palabras que no aparecen en todo el resto del Nuevo Testamento. A estos argumentos acerca del estilo se suman argumentos en cuanto a la teología de la carta misma, con sus aseveraciones cósmicas que no aparecen con la misma fuerza en las otras cartas paulinas excepto Efesios y, en cierta medida, Romanos 8. Sobre esa base, muchos eruditos sostienen que tanto Colosenses como Efesios son producto, no del mismo Pablo, sino de algún discípulo o seguidor suyo. En cuanto a la relación entre Colosenses y Efesios, por lo general los mismos eruditos sostienen que Colosenses fue escrita antes que Efesios, que toma Colosenses como ejemplo y la amplía.

Tales teorías nunca me han convencido. Hace más de 50 años hice un estudio detallado, que después perdí, acerca de los argumentos que se empleaban para negar la autoría paulina de Efesios, y llegué a la conclusión de que tales argumentos eran insuficientes. En este momento, esa conclusión se refuerza cuando comparo el estilo y vocabulario de lo que yo mismo escribo ahora con lo que escribí hace años. Si aplicáramos a lo que he escrito la misma metodología y espíritu crítico de quienes niegan la autoría de Efesios y de Colosenses, tendríamos que llegar a la conclusión de que quien ahora escribe estas palabras no puede haber sido la misma persona que escribió mis primeras publicaciones. Por tanto, me parece más acertado partir de lo que la tradición siempre ha aceptado; es decir, que tanto Efesios como Colosenses son epístolas directamente paulinas. Al mismo tiempo, sin embargo, es importante señalar que lo que les da autoridad a estas epístolas no es la persona de Pablo, sino más bien la experiencia de la iglesia que, desde el inicio y a través de los siglos, y en virtud de la obra del Espíritu Santo, ha escuchado y reconocido en ellas palabra de Dios.

Puesto que, aunque sea de pasada, hemos tenido que referirnos a Efesios, cabe notar que hay otra dificultad en cuanto a esa epístola y su autoría paulina, pues en Efesios no se incluyen saludos personales a persona alguna, mientras que sabemos que Pablo pasó largo tiempo en Éfeso, donde tendría muchos conocidos. No se puede explicar cómo Pablo podría escribirles a los efesios sin mencionar por nombre a alguno de ellos. Esto lleva a algunos a sostener que, lo que ahora llamamos Efesios, es en realidad la carta perdida a Laodicea a la que Pablo se refiere en Colosenses 4:16. La razón para sostener tal argumento es que en muchos manuscritos antiguos no aparecen las palabras "en Éfeso" en el primer versículo del capítulo 1. Sin ellas, este versículo diría "a los santos y fieles que están en Cristo Jesús", sin decir una palabra acerca de Éfeso. (Aunque no es cuestión que debamos discutir aquí, debemos mencionar al menos la teoría de algunos eruditos según la cual esa epístola, cuyos destinatarios parecen ser sencillamente todos los cristianos, fue escrita por quien compiló las epístolas de Pablo, para usarla como una especie de introducción a toda la colección.)

Fecha y ocasión

Las mismas razones de estilo y vocabulario, aducidas para negar la paternidad paulina de la epístola, y que no parecen totalmente convincentes para llegar a tal negación, sí tienen validez en cuanto a conceder tanto a Colosenses como a Efesios una fecha tardía en la vida de Pablo. Además, en Filemón 9, Pablo se declara "anciano". Puesto que esa carta parece haber acompañado a la otra que Pablo escribió a los colosenses, es necesario colocar la fecha de ambas cartas como relativamente tardía. Por otra parte, esa fecha no puede ser muy tardía, pues temprano en la década de los años 60, probablemente en el 64, hubo un terremoto que causó serios daños y destrucción tanto en Colosas como en las vecinas ciudades de Hierápolis y Laodicea. En Colosenses no hay indicación alguna de tal sismo y sus consecuencias. De haber sido escrita después de tales acontecimientos, bien podríamos esperar en esta carta alguna referencia a ellos. Puesto que no la hay, parece indiscutible que si, como suponemos, Pablo es su autor, Colosenses fue escrita en el año 64 o una fecha anterior.

Se ha discutido mucho acerca de dónde estaría preso Pablo al escribir sus llamadas "epístolas de la prisión". Su referencia a su propia ancianidad en Filemón nos lleva a colocar tanto esta carta como Colosenses hacia el final de la vida de Pablo. Esto también nos conduce a pensar que la "prisión" a la que Pablo se refiere puede haber sido la que tuvo lugar hacia el fin de sus días, y que le llevó de Cesarea a Roma. Todo esto parece corroborar la fecha de la carta alrededor del año 63 o el 64. Esa fecha, que sería también la de Filemón y Efesios, no tendría que ser necesariamente la misma que la de Filipenses. De tratarse de un encarcelamiento anterior, sería posible ubicar esta última epístola en fecha anterior a la señalada para Colosenses, Filemón y Efesios.

La ocasión de la carta parece haber sido doble. En primer lugar, Pablo estaba enviando a Onésimo, esclavo fugitivo, de regreso a Colosas y a su amo Filemón. Para acompañarle y asegurarse de que Filemón recibiría a Onésimo "ya no como a un esclavo sino más que esclavo, como a un hermano amado" (v. 16), Pablo le escribe a Filemón. Para llevar la carta y darle credibilidad enviaría a Tíquico como su portador. En tal situación, sería normal utilizar esta oportunidad para dirigirse al resto de la iglesia en Colosas sobre cuestiones más generales que la del recibimiento que Filemón le daría a Onésimo.

Pero Colosenses tiene un propósito mucho más amplio que el de aprovechar una oportunidad para escribirles a los creyentes en esa ciudad. En ese tiempo, comenzaba a circular entre algunos círculos cristianos un cúmulo de ideas que amenazaban con tergiversar la fe, y que Pablo busca refutar en Colosenses, así como también en Efesios.

Hasta el día de hoy, los eruditos discuten el carácter y origen de tales ideas. Unos ven su origen en una especie de precursor de ese gnosticismo cristiano que, al llegar al siglo II, habría evolucionado al punto de llegar a ser una gran amenaza para la fe cristiana. Contra ese gnosticismo ya más desarrollado escribieron prácticamente todos los grandes autores cristianos de la época, como Justino, Ireneo, Tertuliano, Clemente de Alejandría y Orígenes. Sin entrar por el momento en muchos detalles, podemos decir que el gnosticismo era una doctrina esencialmente dualista, que contrastaba el mundo espiritual y bueno con todo lo material, que por definición era malo. El mundo espiritual frecuentemente se llamaba la "plenitud" (en griego, *plērōma*). Por lo general, los gnósticos afirmaban que en la "plenitud" había una serie de eones o "principios elementales", todos ellos espirituales. Ya sea por error o por mala voluntad, algunos de esos eones crearon el mundo material, en el cual, según esos gnósticos, están atrapadas las almas humanas. Tal dualismo podía llevar o bien a un ascetismo acendrado, rechazando todo lo que fuera material, o al libertinaje, pues a fin de cuentas lo que se hiciera con el cuerpo no afectaría al alma. Como veremos más adelante, no cabe duda de que en Colosenses hay una pléyade de frases y aseveraciones que son un rechazo absoluto de tales ideas.

Otros eruditos sugieren que el trasfondo de los errores que Colosenses pretende refutar era más bien el de las "religiones de misterio". Se da el nombre genérico de "religiones de misterio" a una serie de religiones diversas que tenían algunas características generales, de las cuales la más importante era que tenían ritos secretos de iniciación llamados "misterios". En su mayoría, eran religiones que se fundamentaban en mitos acerca de la fertilidad y los ciclos de la naturaleza. Algunas de ellas se derivaban de antiquísimas religiones que habían dado forma a alguna nación o cultura. Por ejemplo, en el antiguo Egipto se adoraba, entre otros muchos dioses, a Isis y Osiris, acerca de los cuales existía un mito que explicaba las inundaciones anuales del Nilo. En sus orígenes, aquella religión les garantizaba la inmortalidad solamente a los faraones y sus familiares. Pero, una vez desaparecida Egipto como nación independiente, el antiguo culto se expandió a través de todo el Mediterráneo, y no se limitaba ya a las personas de descendencia egipcia, sino que era una religión a la cual se podía entrar mediante ciertos ritos secretos de iniciación basados en el mito de Isis y Osiris. En conjunto, se les dio a tales religiones el nombre de "misterio". En el siglo XIX hubo quien sugirió que el cristianismo había evolucionado principalmente bajo el influjo de las religiones de misterio. Hoy, tales teorías han sido generalmente rechazadas, pues las semejanzas entre las religiones de misterio y el cristianismo parecen haber sido más bien el resultado de influencias del cristianismo sobre esas religiones. En todo caso, el tema del "misterio" era fundamental en tales religiones. En el sentido estricto, el "misterio" era el rito mismo; pero el nombre de "misterio" se usaba para referirse unas veces a los ritos de iniciación, que eran secretos, y otras veces a las enseñanzas secretas que se iban impartiendo según se iba ascendiendo en la religión misma. El uso repetido de la palabra "misterio" en Colosenses parece ser índice de que, al menos en cierta medida, la epístola pretendía refutar tales doctrinas.

Otro candidato que se sugiere como el origen de los errores que Colosenses combate es el judaísmo. Ciertamente, no cabe duda de que hay pasajes que parecen referirse a elementos tradicionales de la fe de Israel. Así, en Colosenses 2:16 leemos: "Por tanto, nadie los juzgue en asuntos de comida o de bebida, o respecto a días de fiesta, lunas nuevas o sábados". Estas palabras, como muchas otras en Colosenses, parecen hacerse eco de las preocupaciones expresadas en Gálatas acerca de quienes pretendían obligar a los cristianos a someterse a todas las leyes de Israel. A esto se añaden palabras que parecen referirse a un judaísmo heterodoxo, cuando se habla del "culto a los ángeles" (2:18). Tales palabras llevan a algunos a la conclusión de que lo que tenemos aquí era una especie de judaísmo heterodoxo que se estaba transmitiendo de entre "los de la circuncisión" a los cristianos de origen gentil.

Lo más probable es que ninguna de esas teorías sea cierta, y que al mismo tiempo todas lo sean en parte. Aparentemente, lo que sucedía en Colosas era lo que estaba teniendo lugar en toda la cuenca del Mediterráneo: un sincretismo creciente que, unido a fuertes tendencias individualistas en cuanto a materia de religión, llevaba a cada cual a construirse su propia religión tomando lo que le pareciera de cada una de las muchas alternativas que circulaban en la época. Dado tal sincretismo, parece ser que, en lugar de pensar de los errores a los que se opone la epístola como un todo claramente definido y con un origen único, debemos pensar más bien en términos de un conglomerado de ideas frecuentemente confusas, pero que pretendían de un modo u otro añadir algo a la fe que los cristianos habían recibido. En ese conglomerado se mezclaban y confundían ideas y prácticas procedentes del judaísmo, del gnosticismo incipiente, de las religiones de misterio, y probablemente de otras fuentes.

Colosas

Resulta interesante y en cierto modo infortunado el hecho de que, entre las muchas ciudades a las que Pablo escribió sus cartas y las muchas otras que visitó según nos cuenta Lucas en Hechos, Colosas nos es la menos conocida. Algunas de ellas son todavía ciudades importantes, como Antioquía, Damasco, Atenas y Roma. En todas ellas se han hecho excavaciones arqueológicas que nos ofrecen al menos un atisbo de lo que esas ciudades pudieron ser en tiempos de Pablo. Otras, por encontrarse en sitios que actualmente no son poblados, han sido objeto de excavaciones más amplias. Tal es el caso de Éfeso, cuyas ruinas, con su imponente teatro y su amplia avenida central, son un lugar de visita obligada para los turistas y peregrinos que visitan la región. Algunas, también de enorme importancia en la misión paulina aunque menos conocidas, nos permiten igualmente tener al menos una idea de lo que fueron en sus tiempos de gloria. Ejemplo de ello es Antioquía de Pisidia, donde, al comienzo mismo de la misión paulina, Hechos nos ofrece un resumen del mensaje de Pablo en la sinagoga, dirigido por una parte a los judíos allí presentes y por otra a los "temerosos de Dios"; es decir, a personas que creían en el Dios de Israel y seguían sus leyes morales, pero no se hacían judías. En esa ciudad se han hecho excavaciones que nos dan al menos una idea de lo que fue su avenida central y algunos de sus edificios. Pero quien hoy visita el sitio donde antes se levantó la ciudad de Colosas no ve sino un montículo y quizá, esparcidas por los campos, unas pocas piedras talladas que dan lejano testimonio de la pasada gloria de la ciudad. Desafortunadamente, el sitio donde antes se levantó Colosas no ha sido objeto de serias y cuidadosas excavaciones arqueológicas, y por eso es poco lo que puede decirse acerca de la vida en esa ciudad en tiempos de Pablo.

La ciudad misma se encontraba a las orillas del río Lico, afluente del Meandro (hoy llamado Menderes), que a su vez corría hacia el mar Egeo para desembocar cerca de la ciudad de Mileto. Heródoto, frecuentemente llamado "el padre de la historia", dice que, en los alrededores de Colosas, el Lico se sumergía para correr subterráneamente hacia el Meandro (*Historia*, 7.30). Tal no es el caso en la actualidad, pues el Lico corre directa y abiertamente hacia el Meandro. Es posible que Heródoto haya errado, o también que alguno de los muchos terremotos de la región haya cambiado el curso del río. La importancia económica de la ciudad se debía, en buena medida, a estar situada en la ruta comercial que comunicaba Éfeso con Antioquía de Pisidia.

Puesto que la arqueología nos falla, podemos acudir a la literatura antigua para saber algo acerca de aquella ciudad hoy perdida. En el siglo V a. C y d. C, en el mismo pasaje arriba citado, Heródoto se refería a Colosas como una "gran ciudad" en la región de Frigia, y decía que Jerjes, el rey de Persia, había pasado por ella en su campaña contra Grecia (*Historia*, 7.30). El siglo siguiente Jenofonte, en su famoso recuento del regreso de los mercenarios griegos que regresaban a sus tierras tras una triste experiencia entre los persas, dice que pasaron por Colosas, y la llama "una ciudad grande y próspera" (*Anábasis*, 1.2). Pero, unos pocos años antes de Jesucristo, Estrabón se refería a Colosas como un "poblado" o una "aldea" (*Geografía*, 12.8). En tiempos de Jesús, Plinio el Viejo mencionaba Colosas como una de las ciudades "más célebres" de la región; pero, al hacerlo, parece referirse más bien a sus glorias pasadas, que está comparando con la presente grandeza de otras ciudades cercanas como Hierápolis y Laodicea. En resumen, cuando Pablo se dirigía a los colosenses, la ciudad misma había perdido buena parte de su antigua gloria, eclipsada ahora por otras ciudades cercanas. Aún después de desaparecida la ciudad, su nombre continuó circulando, pues desde tiempos antiguos la ciudad y sus alrededores habían sido reconocidos por la producción de una lana teñida que siguió llamándose "colosense" aunque no se produjera ya en esa ciudad.

¿A qué se debió el declive de Colosas? Son muchas las razones que se aducen, pero al menos dos de ellas merecen citarse. La primera es el surgimiento de otras ciudades mejor situadas y con mayores atractivos políticos y económicos. A mediados del siglo III a. C., el rey Antíoco II fundó cerca de Colosas una ciudad a la que dio el nombre de Laodicea en honor de su esposa. La nueva ciudad vino a ser capital de la región, y gracias al apoyo real y a su situación geográfica, pronto sobrepasó a Colosas, que estaba a unos 18 km al este de Laodicea. En ese mismo siglo III a. C., a unos 20 km al norte de Colosas se fundó la ciudad de Hierápolis, que pronto se hizo famosa por sus aguas termales, a las que se atribuían poderes curativos ofrecidos por Esculapio, el dios de la medicina. El atractivo de Hierápolis como centro médico y religioso rápidamente eclipsó a Colosas. Como veremos al estudiar el texto de la Epístola a los Colosenses, tanto Laodicea como Hierápolis se mencionan en ella. (De paso, merece señalar la posibilidad de que haya una referencia a las aguas termales de Hierápolis en Apocalipsis 3:13, donde se le reprocha a la iglesia de Laodicea por no ser fría ni caliente. Por su cercanía a las aguas termales de Hierápolis, el agua de Laodicea era tibia, de modo que no tenía el supuesto carácter curativo de las aguas de Hierápolis, pero resultaba desagradable para beber; no era, como dice el Apocalipsis, ni fría ni caliente.)

La segunda razón a la que puede atribuirse buena parte del declive de Colosas fue el terremoto que tuvo lugar en la década de los 60 d. C. Todas las ciudades de la región sufrieron serios daños. En sus *Anales*, el historiador romano Tácito declara: "Laodicea, una de las más famosas ciudades de Asia, fue destruida en ese año por un terremoto y se recuperó mediante sus propios recursos, sin ayuda nuestra (es decir, romana)" (*Anales* 14.27). Tres siglos después, Eusebio de Cesarea fechaba el terremoto unos pocos años más tarde, e incluía a Colosas entre las ciudades que fueron destruidas por el sismo. Tanto Laodicea como Hierápolis tenían los medios suficientes para reconstruir lo que se había perdido, como lo señala Tácito. Aparentemente Colosas, con menos recursos, no pudo hacer lo mismo.

Aunque es poco lo que sabemos acerca de los orígenes de la iglesia en Colosas, es lógico pensar que, al igual que en todo el resto de la cuenca del Mediterráneo, los primeros cristianos en la región debieron haber sido o bien judíos, o bien "temerosos de Dios". Como se ha dicho, estos últimos eran gentiles que, sin hacerse judíos, es decir, sin volverse "prosélitos", participaban de buena parte de la fe, el culto y los principios morales de la sinagoga. En el libro de Hechos tenemos abundantes testimonios de la importancia de tales "temerosos de Dios" en la misión cristiana entre gentiles. Afortunadamente,

Hechos nos da detalles acerca de la misión de Pablo y Bernabé en la ciudad de Antioquía, en la provincia de Pisidia colindante con la de Frigia, donde se encontraba Colosas. Allí, el discurso de Pablo en la sinagoga se dirige no solamente a los judíos descendientes de Israel, sino también a los gentiles temerosos de Dios que estaban presentes: "Hombres de Israel y los que temen a Dios" (Hch 13:16); "Hermanos, hijos del linaje de Abraham y los que entre ustedes temen a Dios" (Hch 13:26). En el resto de la narración en ese capítulo vemos el éxito que tuvo la predicación de Pablo entre aquellos temerosos de Dios, al mismo tiempo que los judíos de sangre que se negaban a aceptar su mensaje obligaban a Pablo y a Bernabé a salir de la región. Esta historia, en la que la predicación cristiana comienza en la sinagoga y tiene buena acogida entre los temerosos de Dios, pero no tanto entre los judíos de nacimiento, se repite a través de Hechos. Por eso decimos que es lógico pensar que algo semejante ocurriría en Colosas. En toda la región de Frigia había un buen número de judíos, y un número mayor de temerosos de Dios. Otro autor romano, el famoso orador y político Marco Tulio Cicerón, en un discurso en defensa de un exgobernador de la región, Valerio Flaco, a quien se había acusado de apropiarse indebidamente de los fondos que los judíos de la región recaudaban para el Templo en Jerusalén, dice que el número de esos judíos sobrepasaba los diez millares (*Pro Flacco* 28.67).

Si tal es el caso, quiere decir que muy posiblemente los creyentes en Colosas, a quienes la epístola se dirige, no serían en su mayoría ni paganos en el sentido estricto ni tampoco judíos de nacimiento. Serían más bien gentiles que desde antes de la llegada de la predicación cristiana habrían seguido el monoteísmo judío y sus enseñanzas morales, pero los varones no se habían circuncidado ni tampoco se ajustarían a todas las leyes dietéticas y rituales de Israel. Más adelante, al estudiar la epístola misma, veremos testimonio de esto. Pero es importante señalarlo porque en Colosenses, al igual que en Efesios, por una parte se habla de que estos creyentes "estaban lejos"; pero por otra parte se da por sentado que saben bastante acerca de la fe de Israel. En resumen, habrían sido gentiles pero no estrictamente paganos. Como temerosos de Dios, habrían rechazado el politeísmo y buena parte de las costumbres de la población en general, pero al mismo tiempo no serían tampoco verdaderos judíos. Si la predicación que tuvo lugar en Colosas fue semejante a la que Hechos pone en labios de Pablo en Antioquía de Pisidia, los primeros lectores de la epístola que nos ocupa entenderían que el centro del mensaje cristiano era que ahora, en virtud del don de Jesucristo, ellos también eran coherederos de las promesas hechas a Abraham y su descendencia. Como veremos más adelante, esto nos ayuda a entender algo de los problemas que existían en Colosas.

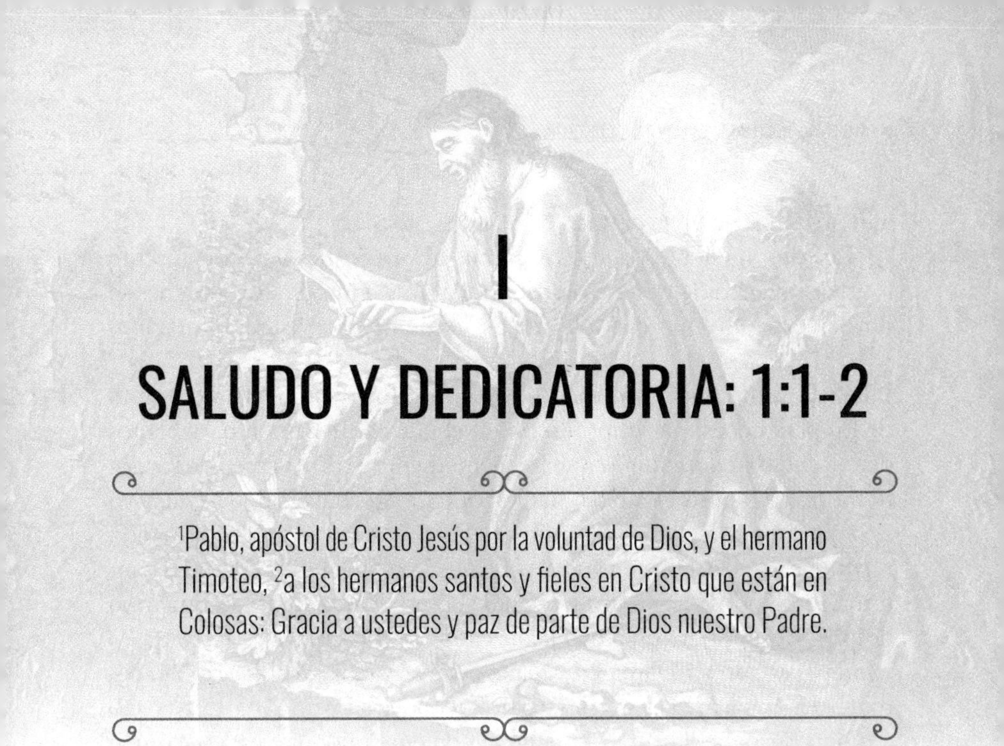

I

SALUDO Y DEDICATORIA: 1:1-2

1Pablo, apóstol de Cristo Jesús por la voluntad de Dios, y el hermano
Timoteo, 2a los hermanos santos y fieles en Cristo que están en
Colosas: Gracia a ustedes y paz de parte de Dios nuestro Padre.

Cuando hoy escribimos una carta, la primera persona a quien mencionamos es el destinatario. Así, decimos, por ejemplo, "Estimado Juan" o "Estimada María". No era esa la costumbre en la antigüedad, cuando lo que se acostumbraba era declarar primero quién escribía la carta, y luego a quién iba dirigida. Por eso, la primera palabra que aparece en la carta que ahora estudiamos es el nombre de Pablo. Lo mismo puede verse en otras de las epístolas paulinas (Ro 1:1; 1 Co 1:1; 2 Co 1:1«etc»). A esto seguía una breve declaración acerca de a quién iba dirigida la carta, y un breve saludo. Después, se pasaba frecuentemente a unas palabras de encomio, gratitud o felicitación, para entonces por fin entrar en el tema mismo de la carta. En el caso de las epístolas paulinas, el saludo y lo que le seguía eran frecuentemente una expresión de acción de gracias o de advertencia, o una oración por quienes leerían su carta. Después de eso se pasaba al cuerpo mismo de la carta, en el que se discutían los temas o cuestiones que habían llevado al autor a escribirla. Al final se podían añadir unas palabras de saludo a algunos de los destinatarios, y algo acerca del portador de la carta misma. Sobre todo esto volveremos más adelante en este estudio, particularmente porque el portador de la carta bien podía servir como su intérprete, aclarando cualquier duda respecto a lo que se decía en la carta.

Los dos versículos que estudiamos ahora contienen únicamente los datos acerca de quienes escriben (Pablo y Timoteo) y a quienes se dirigen (los creyentes en Colosas), así como una brevísima salutación.

1: PABLO: Aunque el nombre nos es bien conocido, pues Pablo es uno de los personajes más importantes en el Nuevo Testamento, debemos detenernos para discutir lo que frecuentemente se dice acerca de los dos nombres del apóstol (Pablo y Saulo): que fue su conversión lo que llevó a Saulo a tomar el nuevo nombre de "Pablo". Aunque lo hayamos oído repetidamente, el libro mismo de Hechos lo desmiente. Allí, Lucas continúa refiriéndose a nuestro personaje como "Saulo" por largo tiempo después del episodio que tuvo lugar camino a Damasco. Es *Saulo* quien continúa camino a Damasco y allí conoce a Ananías; es *Saulo* quien comienza a predicar el evangelio y por fin conoce a los apóstoles; es a *Saulo* a quien Bernabé lleva para que le ayude en Antioquía; es *Saulo* quien aparece entre los líderes de la iglesia en Antioquía; y es *Saulo* quien sale en el primer viaje misionero acompañado de Bernabé. No es sino en el capítulo 13, al comienzo de esa obra misionera, cuando Lucas se refiere a él como "*Saulo*, que también es *Pablo*" (Hch 13:9).

Lo que sucede es que Saulo/Pablo, como muchas otras personas en su tiempo, se mueve entre dos culturas. Por una parte es judío, y como tal lleva el nombre de Saulo o Saúl, el único rey de Israel procedente de la tribu de Benjamín, a la que Pablo pertenece. Pero el pueblo judío, además de ser súbdito del Imperio Romano en la propia Palestina, se encontraba disperso por buena parte de ese imperio y hasta más allá de sus fronteras, lo que se llama la "Diáspora" o "Dispersión"; por tanto, tenía amplios contactos con la cultura grecorromana que dominaba en buena parte de la región. En tal situación de diversidad de culturas era común, como todavía lo es hoy en algunas circunstancias, la costumbre de adoptar un nombre de la cultura dominante cuando era necesario moverse dentro de ella. Tenemos otro ejemplo en el Nuevo Testamento, donde el "Silas" de Hechos es el "Silvano" de las epístolas de Pablo.

En resumen, lo más correcto no es decir que "Saulo" sea el nombre del apóstol antes de su conversión y que después se lo cambió a "Pablo", sino más bien que "Pablo" era el nombre que el mismo Saulo empleaba en su labor misionera. (Nótese que es precisamente al comienzo de esa labor que Lucas nos dice que Saulo es también Pablo.)

Esto puede ser de gran importancia en el día de hoy, cuando son muchas las personas que viven entre dos o más culturas. Frecuentemente se considera una desventaja, pues quienes pertenecen a la cultura dominante por lo general no tienen que ocuparse de otras culturas que se consideran de menor importancia, mientras que quienes pertenecen a minorías étnicas o culturales sí tienen que conocer bastante acerca de la cultura dominante. Pero el caso de Saulo/Pablo nos invita a pensar de otra manera. Posiblemente, el pertenecer a más de una cultura, aunque sea una desventaja en términos sociales, educativos o económicos, es una ventaja en términos de la capacidad de servir de puente entre una cultura y otra; o, cuando esto se lleva al campo de la fe, es una oportunidad de dar un testimonio que vaya más allá de los límites de una sola cultura y que, por tanto, ayude a conducir a nuevas personas a la fe y al mismo tiempo enriquezca la fe de todos.

apóstol de Cristo Jesús por la voluntad de Dios: El título de *«... apóstol»* se emplea en una variedad de sentidos en el Nuevo Testamento y también en la literatura de la época, tanto cristiana como judía. La palabra sencillamente quiere decir "enviado". El uso que más comúnmente le damos, refiriéndose a los doce principales discípulos del Señor, ciertamente aparece en el Nuevo Testamento. Así lo emplea, por ejemplo, el Apocalipsis en 21:14 al referirse a la Ciudad Santa, donde estaban "los doce nombres de los apóstoles del Cordero". Pero, en otros casos, se les da el mismo título a personas que no se cuentan entre los primeros doce. Además del propio Pablo, quien lo reclama repetidamente, uno de ellos es Bernabé, a quien Hechos le da ese título juntamente con Pablo, llamándoles "los apóstoles" (Hch 14:4 y 14). Entre judíos, se llamaba "apóstoles" a los delegados que iban a los judíos de la dispersión recogiendo la ofrenda debida al Templo. Y todavía después de la destrucción del Templo, quienes llevaban cartas encíclicas a la población judía seguían llamándose "apóstoles". (No olvidemos que, al leer las cartas de Pablo, vemos que parte de su tarea consistía en recaudar fondos para socorrer a los necesitados en Jerusalén.)

Comúnmente se dice que lo que le da a Pablo el derecho de llamarse "apóstol" es que vio a Jesucristo, lo cual le colocaba en una posición paralela a la de los Doce. Pero, en realidad, Pablo no parece ofrecer eso como argumento fundamental para reclamar el título de "apóstol". El pasaje en el que más se acerca a eso es el siguiente: "¿No soy libre? ¿No soy apóstol? ¿Acaso no he visto a Jesús nuestro Señor? ¿No son ustedes mi obra en el Señor? Si para otros yo no soy apóstol, ciertamente para ustedes lo soy, porque ustedes son el sello de mi apostolado en el Señor" (1 Co 9:1-2). Aunque aquí el haber visto al Señor es importante, esa no es la única razón por la cual Pablo se llama apóstol. Es también por razón de los creyentes que le siguen, quienes son el "sello" de su apostolado. Pero, en todo caso, en su sentido más común de "enviado", Pablo puede reclamar ese título porque la iglesia en Antioquía le comisionó para el viaje y la misión que emprendería.

En el pasaje que estamos estudiando, Pablo afirma claramente que es apóstol **"por la voluntad de Dios"**. Lo mismo dice en otros lugares, y con palabras tajantes al principio mismo de su Epístola a los Gálatas: « Pablo, apóstol — no de parte de hombres ni por medio de hombre, sino por medio de Jesucristo y de Dios Padre, quien lo resucitó de entre los muertos—» (Gá 1:1). Lo que hace que Pablo se declare apóstol es, ante todo, el haber sido enviado (si se nos permite inventar una palabra, "apostolizado") por Dios y por el Señor Jesucristo, por mediación de la iglesia en Antioquía. Y, en cierta medida, lo que certifica la validez de su apostolado como un "sello" son los creyentes mismos que han recibido el mensaje a través de él. Además, puesto que un "apóstol" es por definición un enviado, un misionero, el título no se les aplicaba a los líderes de iglesias locales.

En buena parte de la más antigua literatura cristiana encontramos referencias al problema de los supuestos apóstoles que se daban ese título ellos mismos y se dedicaban entonces a vivir a costa de los creyentes. Pablo da testimonio de que eso comenzaba a suceder ya en su tiempo en su Segunda Epístola a los Corintios. Aparentemente, en la ciudad de Corinto algunos se habían dejado llevar por quienes se daban a sí mismos el título de "apóstoles", y despreciaban a Pablo y su mensaje criticándolos. Pablo les escribe a los corintios refiriéndose sarcásticamente a tales apóstoles como "aquellos apóstoles eminentes" (2 Co 11:5; o "súper apóstoles", según otras traducciones). Pablo se defiende diciendo que nunca ha recibido ofrendas de los corintios, lo que aparentemente hacen esos "apóstoles eminentes", y dice: "Porque los tales son falsos apóstoles, obreros fraudulentos disfrazados como apóstoles de Cristo. Y no es de maravillarse, porque Satanás mismo se disfraza como ángel de luz. Así que, no es gran cosa que también sus ministros se disfracen como ministros de justificación cuyo fin será conforme a sus obras" (2 Co 11:13-15).

Timoteo: Este personaje nos es conocido tanto por las cartas de Pablo como por el libro de Hechos. Aparece por primera vez en Hechos 16:1-3. Este pasaje nos dice que la madre de Timoteo era judía creyente, pero su padre era griego. Esto crearía una situación difícil, pues desde el punto de vista hebreo, por ser hijo de madre judía Timoteo era judío; pero, puesto que según la ley de entonces era el padre quien dominaba la vida de la familia, Timoteo no había sido circuncidado como cualquier niño judío. Por eso Hechos nos dice que Pablo "tomándole lo circuncidó por causa de los judíos que estaban en aquellos lugares, porque todos sabían que su padre era griego" (v. 3). En 2 Timoteo 1:5 se nos informa que el nombre de su madre era Eunice; y el de su abuela, Loida. Timoteo vino a ser acompañante fiel y ayudante de Pablo (Ro 16:21). Hechos le menciona repetidamente como compañero de Pablo en buena parte de sus viajes. Además, en seis de las cartas paulinas se le presenta como coautor con el apóstol: en 2 Corintios, Filipenses, las dos Epístolas a los Tesalonicenses, Filemón, y la que ahora estudiamos. Aparte de las dos cartas que llevan su nombre como destinatario de las mismas, también se le menciona en Hebreos 13:23, donde se declara que Timoteo "ha sido puesto en libertad". Etimológicamente, su nombre viene de dos raíces griegas, la primera de las cuales significa "honor" y la segunda "Dios". Por tanto, su nombre podría traducirse como "honor a Dios" o "quien honra a Dios".

El que Pablo añada el nombre de Timoteo como autor de la carta tiene cierta importancia. Pablo no pretende estar hablando solamente en su nombre, sino que incluye también, en este caso, a Timoteo; y en otros, a otros acompañantes tales como Sóstenes y Silas o Silvano. Las cartas de Pablo, aunque sean suyas, frecuentemente son expresión de pensamientos que comparte con algunos de sus acompañantes.

Al escribir sus cartas, Pablo haría uso de algún amanuense o secretario que tomaba el dictado. En el caso de Romanos, el amanuense escribe una nota personal hacia el final de la carta: "Yo Tercio, que he escrito la epístola, les saludo en el Señor" (Ro 16:22). Y, al final de Gálatas, Pablo añade directamente unas palabras escritas por él mismo diciéndoles: "Miren con cuán grandes letras les escribo con mi propia mano…" (Gá 6: 11).

Lo más común en tales casos, y lo que probablemente Pablo haría, era dictar la carta a un amanuense que iba escribiendo lo que se le decía en una tableta cubierta con una fina capa de cera. Lo que se escribía en esa capa de cera podía entonces borrarse fácilmente para volver a emplear la misma tableta. Después de dictado el material, el amanuense lo copiaba de forma más clara y permanente en el material que sería enviado a los destinatarios, normalmente en papiro. El hecho de que Pablo se refiera directamente a lo que escribe de su puño y letra como "grandes letras" da a entender que, aunque era ciertamente estudioso y sabía leer y escribir, su caligrafía no alcanzaba el nivel de un amanuense profesional.

2: A LOS HERMANOS SANTOS Y FIELES EN CRISTO QUE ESTÁN EN COLOSAS: El sentido de este pasaje resulta claro, aunque hay algunos detalles que podrían discutirse. Uno de ellos es si la frase **"en Cristo"** se ha de entender como referente a **"fieles"**, como en la RVA, o si se ha de referir más bien a los **"hermanos"**, como en la RVR. En otras palabras, cabe preguntarse si Pablo se dirige a ellos como "fieles en Cristo" o más bien como "hermanos en Cristo". A fin de cuentas, la diferencia no tiene gran importancia, pues no cabe duda de que son hermanos en Cristo porque son también fieles en Cristo.

La misma frase **"santos y fieles en Cristo"** requiere otras dos aclaraciones. La primera de ellas es que, aunque frecuentemente pensamos lo contrario, hay una diferencia importante entre la santidad y la virtud. En sus cartas, Pablo llama repetidamente "santos" a los creyentes, aunque en algunos casos condena sus prácticas con fuertes palabras, por ejemplo, en 1 Corintios. Lo que hace que una persona sea santa no es su virtud, sino su relación con Cristo. Naturalmente, esa relación debe llevar a una vida virtuosa que dé testimonio de ella. Es precisamente por eso que Pablo critica y hasta condena a los santos de Corinto: su conducta es una afrenta a la santidad de Dios de la que se supone son partícipes. Pero la santidad no depende de la virtud, sino más bien lo contrario: la verdadera virtud es resultado de la santidad, de ese estar **"en Cristo"** al que Pablo se refiere repetidamente.

Esto nos lleva a la segunda aclaración necesaria: el significado exacto de ser **"fieles en Cristo"**, lo cual también puede traducirse como "creyentes en Cristo". Puede entenderse de dos maneras. Lo más común es pensar que creer en Cristo es estar convencido de que Él es el Mesías y Salvador del mundo. Pero, tanto en esta epístola como en otros pasajes, Pablo parece referirse a algo más profundo: estar **"*en* Cristo"** es como estar en un lugar. Creer **"*en* Cristo"** es como creer porque se está en Él, porque Él es el contexto, el entorno y la realidad toda de nuestro creer.

Gracia a ustedes y paz de parte de Dios nuestro Padre: Esta bendición en términos de gracia y paz aparece en varios lugares en las epístolas paulinas: Romanos 1:7; Gálatas 1:3; Efesios 1:2. En otros lugares se habla sencillamente de la paz, por ejemplo, en 1 Corintios 1:3 y 2 Corintios 1:2. Cabe mencionar que algunos manuscritos antiguos añaden al final "y del Señor Jesucristo". Por eso la RVR añade esas palabras al final del versículo 2, mientras que la RVA las excluye; con lo cual, la pequeña diferencia entre los manuscritos existentes se revela también en las traducciones.

II

ACCIÓN DE GRACIAS E INTERCESIÓN: 1:3-14

3 Damos gracias a Dios, el Padre de nuestro Señor Jesucristo, orando
siempre por ustedes; 4 porque hemos oído de su fe en Cristo Jesús y
del amor que tienen por todos los santos, 5 a causa de la esperanza
reservada para ustedes en los cielos, de la cual han oído en la palabra
de verdad del evangelio 6 que les ha llegado. Y así como está llevando
fruto y creciendo en todo el mundo, lo mismo sucede también entre
ustedes desde el día en que oyeron y comprendieron de veras la gracia
de Dios 7 tal como aprendieron de Epafras, nuestro consiervo amado,
quien es fiel ministro de Cristo a favor de ustedes. 8 Él también nos ha
informado del amor de ustedes en el Espíritu. 9 Por esta razón también
nosotros, desde el día en que lo oímos, no cesamos de orar por ustedes
y de rogar que sean llenos del conocimiento de su voluntad en toda
sabiduría y plena comprensión espiritual, 10 para que anden como es
digno del Señor a fin de agradarle en todo; de manera que produzcan
fruto en toda buena obra y que crezcan en el conocimiento de Dios; 11 y
que sean fortalecidos con todo poder, conforme a su gloriosa potencia,
para toda perseverancia y paciencia. 12 Con gozo damos gracias al
Padre que les hizo aptos para participar de la herencia de los santos
en luz. 13 Él nos ha librado de la autoridad de las tinieblas y nos ha
trasladado al reino de su Hijo amado, 14 en quien tenemos redención,
el perdón de los pecados.

Aunque no se note en las traducciones modernas, en este pasaje hay dos largas oraciones: una que va desde el versículo 3 al 8, y otra que comienza en el 9 y continúa hasta el 20; es decir, hasta la próxima sección de la epístola, de la que nos ocuparemos en su debido momento. Estas oraciones, así como otra que aparece en el primer capítulo de Efesios, se cuentan entre las más largas del Nuevo Testamento. Mediante frases subordinadas que se presentan en forma de cadena, se da la impresión de que estamos ante una cascada o catarata que nos arrastra. Puesto que en español no se usa ya ese estilo, nuestras traducciones dividen esas largas oraciones para ayudarnos a entender lo que se está diciendo. Por ejemplo, en los vv. 7 y 8, donde nuestra traducción (la RVA) dice "… ministro de Cristo a favor de ustedes. Él también nos ha informado…", la RVR se acerca más al griego original al decir: "… ministro de Cristo para vosotros, quien también nos ha declarado…". Dividir la larga oración original en varias oraciones nos ayuda a entender el sentido de lo que se dice; pero, al mismo tiempo, tales divisiones nos hacen perder algo de lo que debió haber sido la impresión arrolladora de quienes primero escucharon la lectura de esta carta en voz alta en el seno de la congregación.

3: DAMOS GRACIAS: Estas palabras cobran particular importancia si tomamos en cuenta que se esperaba que la epístola misma fuera leída en voz alta ante la congregación, cuando se preparaban para celebrar la comunión o, empleando la frase más común en el Nuevo Testamento, para "partir el pan". Puesto que, según Lucas 22:17 y 1 Corintios 11:24, antes de partir el pan en la Santa Cena Jesús dio gracias, frecuentemente se le llamaba al partimiento del pan la "acción de gracias" (o eucaristía). El verbo que se emplea en el pasaje que estudiamos (*eujaristeō*), y que se traduce por "damos gracias", viene de la misma raíz y quiere decir que practicamos la acción de gracias. Luego es de suponer que cuando aquellos cristianos en Colosas, al tiempo que se preparaban para celebrar la acción de gracias, escuchaban que Pablo y Timoteo también daban gracias, verían la relación entre ambas cosas. Pablo y Timoteo no estarán presentes en el partimiento del pan que tendrá lugar en Colosas; pero así y todo participan de la misma acción de gracias por el mismo partimiento del pan.

orando siempre por ustedes: La unidad en la acción de gracias es también unidad en la oración. Pablo y Timoteo dan las mismas gracias por el mismo pan, y son parte de la misma iglesia que se reúne en Colosas, porque oran por ella y con ella. La palabra **"siempre"** se presta a dos interpretaciones: en primer lugar, puede entenderse en el sentido de que Pablo y Timoteo oran constantemente. Y también puede entenderse en el sentido de que, siempre que oran, lo hacen por los colosenses.

En cierto modo, este versículo anuncia lo que se dirá más ampliamente a partir del versículo 9. Nótese que, en ambos lugares, el fundamento de la oración por los colosenses está en que quienes ahora les escriben han oído acerca de ellos: **«... orando siempre por ustedes; porque hemos oído de su fe...»** (vv. 3-4); « desde el día en que lo oímos, no cesamos de orar por ustedes... » (v. 9).

4-5: PORQUE HEMOS OÍDO DE SU FE EN CRISTO JESÚS Y DEL AMOR QUE TIENEN POR TODOS LOS SANTOS, A CAUSA DE LA ESPERANZA: Aquí vemos ecos del famoso himno al amor en 1 Corintios 13, donde se mencionan las mismas tres virtudes: "Y ahora permanecen *la fe*, *la esperanza* y *el amor*, estos tres; pero el mayor de ellos es el amor". La misma trilogía aparece en 1 Tesalonicenses 1:3: "acordándonos... de la obra de *su fe* (es decir, la fe de ustedes) del trabajo de *su amor* y de la perseverancia de *su esperanza*". Mientras en Corintios el orden de esas tres virtudes tiene el propósito de subrayar la importancia del amor, aquí en Colosenses parece referirse más bien a un orden cronológico: la base de todo es la **"fe en Cristo Jesús"**, de lo cual sigue el **"amor que tienen por todos los santos"**, para llevar por fin a la **"esperanza reservada para ustedes en los cielos"**. Pero, nótese que la esperanza no es resultado del amor hacia los santos, sino más bien lo contrario: ese amor es **"*a causa* de la esperanza reservada para ustedes"**. La esperanza, si bien se cumple en los últimos días, también debe verse como el fundamento del amor que practicamos mutuamente entre tanto aguardamos el cumplimiento de nuestra esperanza.

... de la cual han oído en la palabra de verdad del evangelio que les ha llegado: Aquí, el **"evangelio"** no es una serie de doctrinas, sino una noticia, un anuncio. La buena noticia o **"palabra de verdad"** es la "esperanza reservada para ustedes en los cielos".

Como hemos visto en la Introducción, durante esta segunda parte del siglo I la mayor parte de los conversos al cristianismo no eran paganos, sino "temerosos de Dios"; es decir, gentiles que participaban de la fe y de los principios morales de la sinagoga y asistían a su culto, pero no se hacían judíos. Para tales personas, la buena noticia es que ahora son juntamente herederos con los judíos de la esperanza que Dios tiene **"reservada para ustedes en los cielos"**.

Todo esto quiere decir que la escatología (la doctrina que se refiere a las "últimas cosas") no es un mero apéndice al mensaje evangélico. Aquí, la buena noticia o evangelio cuya **"palabra de verdad"** han escuchado, es **"la esperanza reservada para ustedes en los cielos"**. Como hemos visto, esa esperanza es la causa del amor entre los creyentes. Con mucha frecuencia, la escatología se ha vuelto cuestión de miedo, un instrumento para hacer que las gentes acepten el evangelio por temor al castigo. Pero aquí, la escatología es sobre todo cuestión de esperanza. Esa esperanza lleva a ciertas consecuencias, entre las cuales aquí se menciona el amor mutuo.

6: Y ASÍ COMO ESTÁ LLEVANDO FRUTO Y CRECIENDO EN TODO EL MUNDO, LO MISMO SUCEDE TAMBIÉN ENTRE USTEDES: Aparentemente, el evangelio "les ha llegado" a los colosenses a través de la obra de Epafras, como veremos más adelante (v. 7). Lo que ha sucedido en aquella ciudad no es algo único, sino que es lo que está aconteciendo en muchos otros lugares. Aunque los documentos que tenemos, mayormente el Nuevo Testamento, puedan dar la impresión de que la expansión del evangelio a través del mundo grecorromano fue principalmente obra de Pablo, lo cierto es que fue obra de innumerables creyentes anónimos que llevaban el mensaje de un lugar a otro. No sabemos, por ejemplo, cómo el mensaje llegó a Roma; pero sí sabemos que había creyentes en esa ciudad antes de que llegaran Pedro o Pablo. El que lo mismo suceda **"también entre ustedes"** les hace saber a los colosenses que su comunidad de fe se extiende mucho más allá de la región en que viven. Son parte de un pueblo de Dios que se va esparciendo por toda la tierra.

7-8: TAL COMO APRENDIERON DE EPAFRAS, NUESTRO CONSIERVO AMADO, QUIEN ES FIEL MINISTRO DE CRISTO A FAVOR DE USTEDES: Lo que aquí se traduce por **"consiervo"** es una palabra compuesta por el sustantivo *doúlos* (siervo o esclavo) y el prefijo *syn* (juntamente). Por tanto, Pablo está diciendo que Epafras es su compañero en servicio o en esclavitud al Señor. Repetidamente, Pablo se da a sí mismo el título de "siervo" o "esclavo" de Jesucristo, pero les da ese título únicamente a Epafras y Timoteo (Fil 1:1). Esto es índice del aprecio de Pablo hacia Epafras, un personaje de quien rara vez nos ocupamos. Lo que aquí se traduce por **"ministro"** es la palabra *diákonos*: diácono. Pero aquí no se trata de un título o cargo específico, como sucederá más adelante, sino más bien de la función de servir. Por tanto, debe entenderse aquí como "servidor de Cristo" más bien que como una persona que tiene el cargo o título de "diácono", como después vino a entenderse y como muchos lo entienden hasta el día de hoy.

Más adelante, Pablo dará a entender que Epafras era oriundo de Colosas, o al menos que esa era su ciudad de residencia habitual: "Epafras, quien es uno de ustedes" (Col 4:12). Por la epístola a Filemón (v. 23), sabemos que Epafras era compañero de prisión de Pablo. Por tanto, cuando en Colosenses 4:12 Pablo les dice a los colosenses: "los saluda Epafras, quien es uno de ustedes", ambos son compañeros de prisión. Aparentemente, es en esa prisión donde Epafras le ha contado a Pablo acerca de la fe de los colosenses, a quienes el propio Pablo no conoce: **"Él también nos ha informado del amor de ustedes en el Espíritu".**

El nombre de Epafras es un apodo o abreviatura del nombre Epafrodito. Por esa razón, algunos han sugerido que esta persona a quien Pablo se refiere en Colosenses es el mismo Epafrodito que aparece en Filipenses (2:25; 4:18). Pero esto es poco probable, pues Epafras parece haber concentrado su vida y ministerio en la región de Anatolia (hoy Turquía), que incluye Colosas, Hierápolis y Laodicea, mientras que el nombre de Epafrodito se relaciona más bien con la iglesia en Filipos, en la región de Macedonia, y por tanto a una distancia considerable de Colosas.

9: POR ESTA RAZÓN TAMBIÉN NOSOTROS, DESDE EL DÍA EN QUE LO OÍMOS, NO CESAMOS DE ORAR POR USTEDES...: Este es el comienzo de otra larga oración que en el texto griego no termina sino en la próxima sección de nuestro comentario, en el versículo 20, aunque para que se entienda más claramente, las versiones modernas dividen el pasaje en varias oraciones. En otras palabras, donde las traducciones modernas ponen punto y seguido, el texto original griego empieza una nueva cláusula subordinada. Esto significa que cada nuevo elemento que se introduce es consecuencia o explicación de lo anterior.

Aquí se repiten los temas que hemos visto ya en la sección anterior (que es en realidad la primera parte de esta larguísima oración gramatical): Pablo y Timoteo saben de los colosenses porque han oído de ellos (aparentemente, sobre todo a través de Epafras). Por razón de lo que han oído, ahora se dedican a orar sin cesar por los colosenses (antes se nos dice que están "orando siempre por ustedes"). Pero ahora su oración no es mera repetición de lo dicho en el párrafo anterior. En aquel párrafo, la oración es ante todo acción de gracias por la fe, el amor y la esperanza de los colosenses. Ahora es más bien una oración de intercesión pidiéndole a Dios que colme de dones a los colosenses que han creído.

...que sean llenos del conocimiento de su voluntad en toda sabiduría y plena comprensión espiritual: Esta petición es el fundamento de todo lo demás que se pide para los colosenses. Como ya se ha dicho, lo que sigue en el resto de la plegaria va encadenado en una serie de cláusulas subordinadas. En esta segunda parte de la plegaria lo que se pide es, ante todo, que los colosenses sean **"llenos"** del **"conocimiento"** de la voluntad de Dios. Estas dos palabras, "llenos" y "conocimiento", merecen atención especial. El verbo que se encuentra en la raíz de lo que aquí se traduce por "ser llenos" es el verbo *plēroō*, que efectivamente quiere decir llenar. Pero es también la misma raíz de la palabra *plērōma*, o "plenitud" que en el siglo II vino a ser palabra fundamental en varios sistemas gnósticos que veían la realidad toda como dividida entre una materia de escaso valor y hasta negativa destinada a desaparecer, y las realidades espirituales y permanentes que constituían la "plenitud" o *plērōma*. El uso de esta palabra y de otras parecidas ha sido una de las razones por las que muchos eruditos han insistido en que los errores a los que se refiere la Epístola a los Colosenses eran una especie de protognosticismo, o gnosticismo primitivo, y que, por tanto, lo que vemos en Colosenses no es solamente una refutación y negación de esa especie de gnosticismo, sino también un sutil rechazo de él mediante el uso de palabras que, en los sistemas gnósticos, tenían otro significado.

Tal tesis se refuerza si notamos que lo que aquí se traduce por "conocimiento" es *epignōsis*, es decir, una gnosis verdadera o completa, y que ese conocimiento ha de tener lugar "en toda sabiduría". La palabra que aquí se traduce por "sabiduría" es *sofía*; y *Sofía* era el nombre que algunos gnósticos le daban a uno de los llamados eones que supuestamente existían en la plenitud o *plērōma*. Lo que es más, según algunos sistemas gnósticos, fue precisamente el eón llamado Sabiduría el que, en un arrebato de pasión, le dio origen al mundo. Pero el mismo nombre de "Sofía" se le daba también entre cristianos a Jesucristo, sobre la base de que en las Escrituras de Israel, particularmente en Proverbios 8, se hablaba de la Sabiduría como quien había estado desde el principio con Dios. Los cristianos veían un paralelismo entre esto y lo que dice el capítulo 1 del Evangelio de Juan acerca del Verbo de Dios que se encarnó en Jesucristo. (Por esa razón la catedral de Santa Sofía, en Constantinopla, fue dedicada no a una santa de ese nombre, sino a Jesucristo: la Sabiduría de Dios encarnada en un ser humano.)

10: PARA QUE ANDEN COMO ES DIGNO DEL SEÑOR A FIN DE AGRADARLE EN TODO, DE MODO QUE PRODUZCAN FRUTOS EN TODA BUENA OBRA: Lo que Pablo y Timoteo piden es que, por ser llenos del conocimiento de la voluntad de Dios, los colosenses puedan andar o vivir de tal modo que agraden a Dios. Toda la vida cristiana es un andar, un seguir los caminos de Dios, camino señalado particularmente por el mandamiento del amor. La vida cristiana no es algo que tiene lugar inmediatamente y cuyo punto culminante sea la conversión, sino que es un caminar que, empezando en esa conversión, produce fruto. Esto es lo que otros autores llaman la "santificación". No es algo que se alcanza en un momento, sino que es un proceso que continúa a lo largo de la vida. Ese proceso, ese andar, por una parte produce frutos; y por otra hace que quienes lo siguen **"crezcan en el conocimiento de Dios"**. Una vez más, aparece aquí la palabra "conocimiento" o *epignōsis*. La repetición de esa palabra da a entender que Pablo se propone arrebatársela a los gnósticos y asegurarse de que estos no tomen posesión tanto de ella como del término *plērōma*.

Aquí se menciona ese proceso de santificación solamente como de pasada, pues más adelante en la carta se hablará de la nueva vida que debe ser resultado de la fe en Cristo, del nuevo nacimiento en el bautismo, y de la esperanza reservada para los creyentes.

11: Y QUE SEAN FORTALECIDOS CON TODO PODER, CONFORME A SU GLORIOSA POTENCIA, PARA TODA PERSEVERANCIA Y PACIENCIA: En ese camino que es la vida cristiana, los creyentes no van solos, sino que, en el proceso mismo de andar "como es digno del Señor", van fortalecidos con el enorme poder y la potencia de Dios. Lo que el texto dice puede traducirse literalmente como "fortalecidos con toda fuerza", pues en esa frase tanto la raíz del verbo que la RVA traduce por "fortalecidos" como la del sustantivo "poder" es la misma: *dynamis*. Es una reiteración que en griego subraya la palabra que se repite, mientras que en nuestra lengua nos chocaría como redundante. La palabra que más adelante se traduce por "potencia" es otra (*kratos*), aunque significa esencialmente lo mismo.

Nótese también la repetición de la palabra "toda". Más adelante veremos que es una palabra que no solamente se repite, sino que también se refuerza a través de toda la epístola, y que esto tiene un claro propósito.

Lo que se pide es que ese poder, que es también gracia de Dios, lleve a los destinatarios de la carta a toda "**perseverancia y paciencia**". Las dos palabras, muy diferentes entre sí, tienen sin embargo un significado casi idéntico, y por tanto, lo que tenemos aquí es otra forma de reiteración en la que no se repite la palabra pero sí la idea.

12: CON GOZO DAMOS GRACIAS AL PADRE QUE LES HIZO APTOS PARA PARTICIPAR DE LA HERENCIA DE LOS SANTOS EN LUZ: La palabra que aquí se traduce por **"herencia"** es *klēros*, que tiene también la connotación de "suerte". La misma palabra aparece, por ejemplo, en Mateo 27:35: "repartieron sus vestidos, echando suertes". El uso de esta palabra subraya el hecho de que todo esto que los cristianos han de hacer andando como es digno del Señor no es algo de lo que puedan ufanarse. Esto nos recuerda que todo lo que aquí se dice en cuanto a lo que los cristianos han de hacer, en cuanto a la paciencia que han de tener, en cuanto a su comprensión espiritual, etc., no se presenta primeramente como un mandamiento, sino que es más bien parte de una oración o plegaria. Por sí mismos, los lectores de la epístola jamás podrán hacer lo que aquí se les indica. Para ello necesitan de la potencia y gracia de Dios, de las que no pueden ufanarse, de igual manera que quien por suerte recibe algo no tiene por qué ufanarse de ello. Aquí queda claro que es el Padre quien les hace posible a los creyentes hacer todo esto que se incluye en la oración que Pablo y Timoteo elevan a su favor. Pero, al mismo tiempo, quienes les dicen esto a los colosenses saben que lo que piden les ha sido concedido, y por tanto esta plegaria que en su contenido tiene mucho de petición, empieza dándole gracias a Dios por haber hecho lo mismo que la oración pide. Y ahora, en medio de esa misma plegaria, vuelve a aparecer una vez más la palabra de gratitud: **"Con gozo damos gracias"**.

13: ÉL NOS HA LIBRADO DE LA AUTORIDAD DE LAS TINIEBLAS Y NOS HA TRASLADADO AL REINO DE SU HIJO AMADO: En estas pocas palabras se presenta un modo de entender el evangelio que no es el que más comúnmente escuchamos. Através de los siglos, los cristianos han empleado diversos modos para explicar o comunicar su experiencia de salvación en Cristo. El más común es decir que el sufrimiento de Cristo pagó por nuestros pecados. Ciertamente, esto expresa buena parte de la experiencia cristiana de salvación. Pero, tanto en el Nuevo Testamento como en la iglesia antigua, encontramos otras maneras o metáforas para expresar la salvación que experimentamos por obra de Cristo. Una de ellas es la que se encuentra en este versículo, en el que no se habla de una paga por el pecado, sino más bien de la liberación de una esclavitud, o más bien, del traspaso de un señorío a otro. **Él nos ha librado de la autoridad de las tinieblas** quiere decir que, sin Él, estaríamos sujetos a esa autoridad. La palabra que aquí se traduce por "autoridad" es *exousia*, que en el mundo secular se empleaba para referirse a la autoridad de un gobernante sobre los gobernados. Es así que esa misma raíz se emplea, por ejemplo, en Lucas 22:25: "Los reyes de las naciones se enseñorean de ellas, y los que *tienen autoridad* sobre ellas son llamados bienhechores". El verbo "librar" que se emplea en griego es el mismo que usa la Septuaginta (la versión del Antiguo Testamento en griego que Pablo emplea en todas sus cartas) para referirse a hechos tales como la liberación de Israel del yugo de Egipto o su liberación de los diversos opresores que aparecen en el libro de Jueces. Luego Pablo está diciendo que lo que Jesucristo ha hecho es librarnos del gobierno o yugo de las tinieblas de una manera semejante a como Dios libró a Israel de sus diversas opresiones. Esa imagen se refuerza al decir que Jesús **"nos ha trasladado al reino de su Hijo amado"**. Lo que aquí se subraya no es el pago por los pecados (aunque en el próximo versículo sí se hablará sobre el perdón de los pecados), sino más bien el ser trasladado de un reino a otro, de las tinieblas a la luz. El reino inmediatamente nos recuerda un tema central en las enseñanzas del propio Jesús. Por tanto, lo que Pablo está diciendo aquí es que antes éramos ciudadanos del reino de las tinieblas y ahora somos ciudadanos del reino del Hijo de Dios. Esto es semejante a lo que leemos en 1 Pedro 2:9, donde se nos dice que hemos de anunciar "las virtudes de aquel que nos ha llamado de las tinieblas a su luz admirable". En otro lugar, Pablo afirma que "nuestra ciudadanía está en los cielos" (Fil 3:20). En resumen, la metáfora que aquí se emplea para expresar la experiencia de salvación en Jesucristo no es tanto la de una paga por el pecado sino la de un cambio de las tinieblas a la luz, o un cambio de una a otra ciudadanía. Se trata de la experiencia común en nuestros días, cuando por muchas razones las gentes emigran de un país a otro del que se hacen ciudadanos. En tal caso, ya no están bajo la autoridad de los gobernantes en sus países, sino bajo una nueva autoridad.

Sobre todo esto es necesario otro comentario. El dualismo que reinaba en el mundo antiguo durante los primeros siglos de la era cristiana, tanto en el Imperio Romano como en el Persa, partía de la premisa de un contraste y una brecha infranqueable entre lo espiritual, que también se llamaba la luz, y lo material, que también se llamaba el reino de las tinieblas. Dentro de tal perspectiva, la salvación consistiría en salvar lo que hay en el humano de espíritu, bien, verdad y luz, y abandonar o destruir lo que en él hay de materia, tinieblas y maldad. Esto quiere decir que lo que es por naturaleza malo no tiene posibilidad de redención, y lo que es por naturaleza bueno la alcanzará inevitablemente. Tal postura llegó a su máxima expresión en el maniqueísmo, que en el siglo IV llegó a ser uno de los grandes rivales la fe cristiana. Pero ya aquí se ofrece una visión muy diferente. No es que el ser humano sea en parte luz y en parte tinieblas, sino que está sujeto al gobierno de las tinieblas. Luego la salvación no consiste en salvar lo espiritual y apartarlo de lo material, sino en lo que Jesús ha hecho por cuanto **"nos ha librado de la autoridad de las tinieblas y**

nos ha trasladado al reino de su Hijo amado".

14: EN QUIEN TENEMOS REDENCIÓN, EL PERDÓN DE LOS PECADOS: Aquí aparece la otra metáfora más conocida, según la cual lo que Jesucristo ha hecho por nosotros es comprarnos de la esclavitud al pecado. Lo que se traduce por "redención" es *apolýtrōsis*, que frecuentemente se refiere a la compra de un esclavo o el rescate de un cautivo. Su raíz principal es *lýtron*, que quiere decir "rescate". Por tanto, el traslado de la esclavitud de las tinieblas al reino es paralelo al rescate de un cautivo o al pago para comprar la libertad de un esclavo. Algunos manuscritos aclaran la relación entre todo esto y los sufrimientos de Jesús al añadir las palabras "por su sangre", de modo que dicen "redención por su sangre". Esas palabras no parecen haber sido parte del texto original, sino más bien lo que algún copista o escribano incluyó para asegurarse de que el precio del pago quedara claro. Posiblemente, ese copista se inspiró en las palabras "redención por medio de su sangre" en Efesios 1:7. La imagen es extremadamente clara: mediante sus sufrimientos, Cristo pagó la deuda que la humanidad tenía y la liberó de manera semejante a como se puede liberar a un esclavo comprándoselo a su amo.

En cuanto a todo esto, cabe notar que aquí la deuda que hay que pagar no es a Dios, sino a los poderes que tenían a la humanidad subyugada. Este es uno de los modos más comunes en que se entiende la obra salvífica de Jesús en buena parte de los más antiguos escritos cristianos. Se entendía que, por razón del pecado, Satanás se había hecho dueño de la humanidad. Los sufrimientos de Jesús son el pago que se le hace a Satanás para librar a la humanidad de su esclavitud o, como diría Colosenses, para trasladarla del reino de las tinieblas a la luz. La idea de que era a Dios a quien se debía el pago también aparece en algunos escritos antiguos. Pero su forma elaborada, según la cual el pago que se le debía a Dios tenía que ser a la vez infinito y humano, y que esto requeriría la encarnación de Dios en un ser humano para así hacer un pago infinito y humano, no llega a toda su plenitud tal como la conocemos hoy sino a fines del siglo XI, con la obra de Anselmo de Canterbury, *Cur Deus homo* (Por qué Dios se hizo humano).

III

LA PREEMINENCIA DE CRISTO: 1:15-23A

15 Él es la imagen del Dios invisible; el primogénito de toda la
creación 16 porque en él fueron creadas todas las cosas que están
en los cielos y en la tierra, visibles e invisibles, sean tronos,
dominios, principados o autoridades. Todo fue creado por medio
de él y para él. 17 Él antecede a todas las cosas, y en él todas las
cosas subsisten. 18 Y, además, él es la cabeza del cuerpo que es
la iglesia. Él es el principio, el primogénito de entre los muertos
para que en todo él sea preeminente; 19 por cuanto agradó al Padre
que en él habitara toda plenitud 20 y, por medio de él, reconciliar
consigo mismo todas las cosas, tanto sobre la tierra como en los
cielos, habiendo hecho la paz mediante la sangre de su cruz. 21 A
ustedes también, aunque en otro tiempo estaban apartados y eran
enemigos por tener la mente ocupada en las malas obras, ahora
los ha reconciliado 22 en su cuerpo físico por medio de la muerte
para presentarlos santos, sin mancha e irreprensibles delante de
él; 23 por cuanto permanecen fundados y firmes en la fe, sin ser
removidos de la esperanza del evangelio que han oído, el cual ha
sido predicado en toda la creación debajo del cielo.

Una vez más, debemos recordar que lo que aquí aparece bajo un acápite diferente es en realidad la continuación de la larga oración que venimos estudiando. Una traducción más literal diría en los vv. 14 y 15: "en quien tenemos redención, el perdón de los pecados, quien es la imagen del Dios invisible...". Lo que ahora estudiamos detenidamente, palabra por palabra y dividido en oraciones, tenía el propósito de ser leído en voz alta sin detenerse a discutirlo ni a analizarlo. Y, aunque el análisis detallado que estamos haciendo es importante para comprender el alcance de la epístola, ese mismo análisis puede dificultarnos escucharla como Pablo se proponía. Además, aun cuando se le une gramaticalmente con lo que precede, aquí empieza una sección que tiene características poéticas y que se extiende hasta el versículo 20. Es posible que Pablo esté citando un himno ya conocido en algunas iglesias, aunque hoy sea imposible probarlo. Lo que lleva a muchos eruditos a concluir que se trata de un himno es que varias líneas tienen características poéticas. Pero hay que añadir que, si se trata efectivamente de un himno, Pablo parece citar algunas líneas y dejar otras fuera, lo que ha llevado a algunos eruditos a tratar de reconstruir lo que puede haber sido el himno original, aunque sin llegar a conclusiones generalmente aceptadas. En todo caso, el carácter mismo de este pasaje, con características de himno o de poesía, nos conduce a subrayar más aún la necesidad de leerlo de corrido, para así recibir parte del impacto que tendría al ser leído en las iglesias. Puesto que la posible cita empieza con una cláusula relativa ("quien es"), algunos sugieren que el himno original debe haber empezado con una cláusula principal, tal como "alabemos al Hijo de Dios", o "bendigamos a Jesús". La posible cita no termina con el párrafo que estamos estudiando, sino que continúa hasta el versículo 20. Hechas estas salvedades, continuemos con nuestro análisis del texto mismo

15: ÉL ES LA IMAGEN DEL DIOS INVISIBLE: La palabra que aquí se traduce como "imagen" es *eikon*, de donde se deriva la palabra castellana "ícono". Más adelante, esa misma palabra se emplearía para referirse a las imágenes de los santos y, por tanto, se les dio a quienes se oponían al uso de tales imágenes el título de "iconoclastas", es decir, destructores de íconos. La palabra *eikon* era la que se usaba en el texto griego del Antiguo Testamento que Pablo y casi todos los primeros cristianos empleaban (la Septuaginta) para traducir Génesis 1:26: "Hagamos al hombre a nuestra *imagen*". Por esa razón, entre los antiguos cristianos estas palabras de Pablo frecuentemente se entendían en el sentido de que, al crear al ser humano, Dios tuvo por modelo al Verbo encarnado.

Nótese la relación entre las dos palabras: "imagen" e "invisible". Una imagen es visible por su propia naturaleza. Luego el uso de estas dos palabras conjuntamente señala que Jesucristo, el Verbo encarnado según Juan, por razón de su propia encarnación hace visible al Dios invisible. Entre los antiguos escritores cristianos frecuentemente se usaba la metáfora de una estatua tan grande, que quien estaba al pie de ella no podía comprenderla, y entonces se hacía otra copia más pequeña de manera que se pudiera saber más acerca de la estatua en su totalidad. Naturalmente, esa metáfora, tomada literalmente, podía entenderse en el sentido de que Jesús es como un dios más pequeño que el Padre; pero tal no era su intención, sino todo lo contrario: señalar que en Jesús vemos al Padre o, como dice nuestro texto, que Jesús es **"la imagen del Dios invisible"**.

El tema de la "imagen de Dios" aparece de nuevo en Colosenses 3:10, donde se dice que la vida cristiana es un vestirse del "nuevo hombre", lo cual lleva a "un pleno conocimiento conforme a la imagen de aquel que lo creó". Es tema que ha ocupado la mente e imaginación de los creyentes a través de las edades, pero que, en términos generales, en la antigüedad se entendía de manera diferente a como comúnmente se entiende hoy. Durante los últimos siglos, cuando nos planteamos la pregunta "¿En qué consiste la imagen de Dios en el humano?", generalmente contestamos en términos de alguna característica o capacidad humana. Por lo general, pocos piensan que se trata de una semejanza física en el sentido de que Dios se parezca al cuerpo humano. (Según el alejandrino Orígenes, Melitón de Sardis sostenía tal cosa. Pero lo que Orígenes dice al respecto se ha puesto en duda.) Sí se ha sugerido, por ejemplo, que la imagen de Dios en el humano está en su racionalidad, o en su libertad, o en su señorío sobre todas las cosas «etc».

Cuando examinamos lo que dicen al respecto de la "imagen de Dios" los más antiguos escritores cristianos, bien puede sorprendernos.

Antes que ellos, Filón de Alejandría, el filósofo judío contemporáneo de Jesús, había afirmado que el Verbo (*Logos*) es la imagen de Dios, y que el ser humano es entonces algo así como la imagen de la imagen de Dios. Lo mismo se encuentra entre los más antiguos escritores cristianos de la ciudad de Alejandría, donde vivió Filón. Al igual que Filón, Clemente de Alejandría declara que "la imagen de Dios es su Verbo, que es en sí luz de luz. La mente humana es imagen de ese Verbo. Por eso se afirma que Dios hizo al humano a su imagen y semejanza" (*Exhortación a los paganos*, 10). En estas palabras de Clemente es importante notar que no solamente se afirma la idea común de que la imagen de Dios se encuentra en la mente humana, sino también se afirma lo que rara vez oímos hoy: que, en última instancia, como dice Colosenses, la imagen de Dios es Cristo, y el ser humano ha sido creado a imagen de Cristo. Este último punto aparece comúnmente en los antiguos escritores cristianos, quienes basan lo que dicen en el pasaje de Colosenses que estamos estudiando. En el siglo II Ireneo dice: "el ser humano fue hecho siguiendo la imagen de Dios, pero tal cosa todavía no se veía, puesto que el Verbo a cuya imagen el ser humano fue creado todavía no se veía. El Verbo fue el modelo que Dios siguió al crear al ser humano" (*Contra las herejías*, 5.16.2). Poco después, Tertuliano declara que la razón por la que el ser humano lleva la imagen de Dios es que Dios tomó al Verbo que habría de hacerse humano y, siguiendo el modelo del Verbo encarnado, hizo al humano. Sobre la base de este pasaje y de su interpretación en la literatura cristiana antigua, se han discutido al menos dos temas interrelacionados que cabe mencionar: el primero de ellos es si la encarnación de Dios en Cristo es solamente un remedio para el pecado, o si el propósito de Dios, aun aparte del pecado, fue siempre unirse al ser humano en Cristo. Los escritos de Ireneo y de varios otros autores antiguos parecen inclinarse a afirmar que la encarnación era parte del propósito de Dios, pues el modelo que Dios tomó para hacer al humano fue la visión de lo que sería el Verbo encarnado. La cuestión se debatió por largo tiempo, y vino a ser uno de los principales puntos de diferencia entre los teólogos dominicos y los franciscanos en el siglo XIII. Los dominicos afirmaban que la encarnación fue solamente un remedio para el pecado y que, por tanto, si el humano no hubiera pecado, Dios no se habría encarnado. Su principal portavoz fue Tomás de Aquino, quien reconoce la diferencia de opiniones: "Sobre esta cuestión existen diversas opiniones. Unos dicen que el Hijo de Dios se habría hecho hombre aunque el hombre no hubiese pecado. Otros sostienen lo contrario". Y entonces continúa: "parece más razonable la opinión de estos últimos" (*Suma teológica*, 3, q. 1, art. 3; BAC 191:78). Frente a esto, los franciscanos afirmaban que el propósito de Dios desde toda la eternidad era encarnarse en Jesucristo, y que fue ese Verbo encarnado lo que Dios empleó como modelo para crear al ser humano. El principal portavoz de esta otra opinión en tiempos de Tomás de Aquino fue Buenaventura, quien, al comentar sobre las *Sentencias* de Pedro Lombardo, dice que hay que distinguir entre tomar una carne mortal y capaz de sufrir y tomar una carne sin tales características; y entonces concluye que, si se trata de una encarnación en el segundo sentido, "aunque el humano no hubiera pecado, Cristo se habría encarnado" (*Sententiarum*, 3, dist. 1, art. 2, q. 2).

La segunda cuestión que se relaciona con esto es que, si Dios tomó como modelo para la creación del humano al Verbo encarnado, eso quiere decir que Jesucristo no revela solamente quién es Dios, sino que también revela la verdadera naturaleza del humano perfecto. Los humanos que vemos en torno nuestro, y cada uno de nosotros mismos, somos todos imperfectos y pecadores, y por tanto no somos lo que hemos de ser. Si queremos saber lo que verdaderamente es ser humano, tenemos que mirar no a alguno de nuestros héroes, ni siquiera a la humanidad toda, sino a este modelo primigenio de verdadera humanidad. Más adelante en nuestro estudio de Colosenses veremos que se habla de una vida "escondida con Cristo en Dios" y se promete que, "cuando se manifieste Cristo", será manifestada también la naturaleza de los humanos que le siguen. De manera semejante, en Hebreos se dice que Dios prometió someter todas las cosas al humano, "pero ahora no vemos todavía todas las cosas sometidas a él. Sin embargo, vemos a Jesús, quien por poco tiempo fue hecho menor que los ángeles, coronado de gloria y honra" (He 2:8-9).

Quien se distinguió durante el siglo XX por el uso de esta idea fue el teólogo, filósofo y famoso paleontólogo Pierre Teilhard de Chardin, quien se abocó a la cuestión de la evolución de las especies partiendo no ya desde el principio de esa evolución, sino más bien desde el final. Según él, toda la creación va llevando hacia un punto culminante que se nos ha dado a conocer en Jesucristo. Cristo es el "hombre futuro", el *homo futurus* hacia el cual Dios va conduciendo todo el proceso evolutivo. Aunque sus ideas no han sido generalmente aceptadas, sobre todo en lo que se refiere a cristología, sí han provisto espacio para que algunos pensadores cristianos empiecen a enfocar el tema de la evolución de una manera novedosa.

... el primogénito de toda la creación: La *Biblia de estudio* RVA indica correctamente que la palabra "primogénito" no quiere decir necesariamente que haya sido la primera de las creaciones de Dios, sino que es más bien un título de autoridad, y que así se empleaba frecuentemente en la antigüedad, sin que ello requiriera que por haber un "primogénito" hubiera otros hermanos. Ciertamente tal es el caso de la primogenitura, cuyos derechos tiene no solamente un mayor entre muchos hermanos, sino también un hijo único.

En el siglo II Ireneo interpreta esa primogenitura refiriéndose a ser el primero que ha resucitado a la nueva creación. Esto encuentra apoyo en la frase paralela que se emplea también en Colosenses, donde se afirma que Jesús es "el primogénito de entre los muertos" (Col 1:18). Durante ese siglo y el siguiente, tal interpretación fue generalmente aceptada.

Fue en el siglo IV, con la controversia arriana, cuando este pasaje causó dificultades, pues se interpretaba la primogenitura en un sentido cronológico, y se daba a entender entonces que el Verbo era una criatura hecha al principio del tiempo, pero por eso mismo ni eterna ni divina. Tras un debate que continuó por espacio de varios siglos, se volvió a la enseñanza antigua de la iglesia, que entiende lo que aquí se llama "primogenitura" como una referencia a su poder por encima de todo lo demás, o bien a que con su resurrección se ha iniciado una nueva era; es decir, que **Él** es "el primogénito de entre los muertos".

16: PORQUE EN ÉL FUERON CREADAS TODAS LAS COSAS QUE ESTÁN EN LOS CIELOS Y EN LA TIERRA, VISIBLES E INVISIBLES, SEAN TRONOS, DOMINIOS, PRINCIPADOS O AUTORIDADES. TODO FUE CREADO POR MEDIO DE ÉL Y PARA ÉL: Continúa la aparente cita de un himno. Una vez más, en lugar de empezar una nueva oración, esta cláusula depende de la anterior:

"porque". La razón por la que se le llama a Jesús "el primogénito de toda la creación" no es porque sea la primera de muchas criaturas, sino más bien **"porque en él fueron creadas todas las cosas"**. Aquí vemos la importancia de la palabra **"todas",** a la que ya nos hemos referido. Y también aquí vemos los errores teológicos que parecen preocupar a Pablo en esta carta.

Aparentemente, había en Colosas quienes pensaban que existían seres espirituales que merecían algún culto o respeto por encima de Jesucristo o paralelamente a Él. Al subrayar el **"todas las cosas"**, Pablo está refutando tales ideas. Y entonces reitera esa refutación ampliando lo que quiere decir con esa frase, que se refiere a **"todas las cosas que están en los cielos y en la tierra, visibles e invisibles"**. Y, para que quede claro, pasa entonces a señalar alguno de esos seres espirituales que aparentemente varios en Colosas consideraban dignos de alabanza y quizá de culto: **"sean tronos, dominios, principados o autoridades"**. Aunque palabras semejantes aparecen también en Efesios 6:12, es imposible saber qué se entendía por cada una de ellas. Ciertamente, se trata de una lista de seres espirituales; pero la diferencia entre unos y otros, o si se trata sencillamente de diversas maneras de referirse a lo mismo, no está claro. Lo que sí resulta indudable es que Pablo está reiterando, y hasta podríamos decir machacando, su aseveración de que **"todas las cosas"** han sido creadas en el Hijo. Gramaticalmente, este tipo de construcción en la que se repite lo mismo, aunque con distintas palabras, es un pleonasmo: forma de composición en la que se utilizan palabras innecesarias y repetitivas con el propósito de subrayar lo que se dice. Aquí vemos una composición pleonástica en la que, tras decirnos que **"en él fueron creadas todas las cosas"**, se insiste en explicar que ese **"todas"** se refiere a las cosas **"que están en los cielos y en la tierra, visibles e invisibles"**. Y a esto se añade otro pleonasmo al hacer una lista de cosas que alguien podría pensar que no eran parte de esa creación hecha por el Hijo, y se afirma que sí lo son. Lo que es más, puesto que no hay una diferencia clara entre los tronos, dominios, principados y autoridades, es posible y hasta probable que esta lista misma sea en cierta medida pleonástica, dándoles distintos nombres a las mismas cosas. Es como si alguien dijera: "todos los caballos me asustan, tanto los grandes como los pequeños, tanto los negros como los blancos, los bayos, los castaños y los demás". Con decir que "todos los caballos me asustan" en realidad no queda más que añadir, y las listas que siguen sencillamente reiteran y afirman el temor que ya se ha mencionado. En el caso de Colosenses, el pleonasmo llega al máximo cuando, tras esa lista, se dice una vez más: **"Todo fue creado por medio de él y para él"**. En estas palabras se afirma tanto la preexistencia de Cristo, que se reafirmará en el próximo versículo, como su participación en toda la creación y el que todas las cosas creadas no subsisten por cuenta propia, sino por Él. Ya hemos señalado que el resto de la epístola muestra que esto no quiere decir que Cristo fuera la primera criatura, sino más bien que de Él dependen todas las criaturas. Ese alto concepto de la naturaleza de Cristo, lo que los comentaristas modernos llaman "alta cristología", es característica de Colosenses pero no es afirmación que aparezca solamente en esta epístola, ni siquiera solamente en los escritos de Pablo, sino que aparece repetidamente en el Nuevo Testamento. El caso más conocido por su claridad y su belleza literaria es el llamado "prólogo" del Evangelio de Juan, donde se afirma que "Todas las cosas fueron hechas por medio de ella (la Palabra o Verbo), y sin ella no fue hecho nada de lo que ha sido hecho" (Jn 1:3). Al principio mismo de Hebreos se afirma que el Hijo es "por medio de quien, asimismo, hizo el universo" (He 1:2). Y los casos se multiplican si tomamos en cuenta que el título que el Nuevo Testamento le da a Jesús, "Señor", es el que la Septuaginta, la traducción del Antiguo Testamento al griego que los antiguos cristianos y casi todos los autores del Nuevo Testamento empleaban, le da a Dios mismo.

Cuando Pablo dice en Colosenses que **"en él [Cristo] todas las cosas subsisten"**, nos hace ver que la doctrina de la creación se refiere a Cristo no solamente como el principio en el sentido de ser el origen de todas las cosas, sino también en el sentido de que Cristo es el fundamento en el cual todas las cosas subsisten. La doctrina de la creación no se refiere únicamente a los orígenes de las cosas, sino también a su existencia presente, a lo que hace que continúen existiendo sin deshacerse en el abismo de la inexistencia. No solamente todas las cosas por Él fueron creadas, sino que también todas por Él subsisten. Sin Él, no solamente nunca habrían sido, sino que tampoco les sería posible continuar siendo. Aparentemente, por eso en el siglo

II Ireneo, uno de los más distinguidos pensadores cristianos en su tiempo, al referirse a los primeros capítulos de Génesis no dice "en la historia de la creación", sino que repetidamente parece preferir la frase: "en la historia *del principio* de la creación". La creación es mucho más que el inicio de todas las cosas; es una constante obra de Dios, y manifestación de su amor.

Al mismo tiempo, al afirmar que "en él todas las cosas subsisten", se está estableciendo una distinción entre Él y las criaturas. La creación no es una mera extensión del ser divino, sino que es otra realidad distinta de Dios. El Verbo de Dios bien puede ser el principio y sostén de todo cuanto existe, pero nada de lo que existe en la creación es divino. A través de los siglos, los cristianos han sostenido esta tensión, afirmando por una parte que todas las cosas han sido hechas y se sostienen por voluntad divina, y al mismo tiempo, por otra parte, que ninguna de ellas tiene sustancia o carácter divino.

Las palabras de Colosenses parecen dirigirse a refutar no solamente el politeísmo, sino sobre todo el dualismo que era común en el mundo circundante. Entre los gnósticos, ese dualismo se manifestaba en el contraste absoluto que se establecía entre la realidad espiritual y completa (el *plērōma*) y el mundo físico, que frecuentemente se explicaba como resultado de algún error cometido por los seres inferiores dentro de la plenitud espiritual. Lo primero era esencialmente bueno; y lo segundo, malo. Frente a esto, Colosenses y todo el resto de la Biblia afirman que hay una sola creación, y que esa creación es obra del Dios bueno. Al mismo tiempo, tanto Colosenses como Juan afirman que Dios lo creó todo mediante (o en) el Cristo eterno o Verbo de Dios. "Todo fue creado por medio de él y para él". Por tanto, uno de los elementos esenciales de Colosenses, así como de la fe cristiana primitiva, es la negación de todo dualismo radical entre el espíritu y la materia, así como de todo intento de decir que lo espiritual es necesariamente bueno y lo material es necesariamente malo. Según Colosenses, todo cuanto existe, por mucho que se haya pervertido y tergiversado, es obra de Dios en Cristo, "porque en él fueron creadas todas las cosas que están en los cielos y en la tierra, visibles e invisibles, sean tronos, dominios, principados o autoridades. Todo fue creado por medio de él y para él". Los "tronos, dominios, principados o autoridades" eran nombres que se les daba a los seres celestiales, particularmente a los maléficos.

Pero no basta con eso, pues en la antigüedad había también, frente al dualismo que acabamos de describir, un monismo que sería igualmente inaceptable para Colosenses. Varios de los filósofos platónicos de la época afirmaban que nada existe sino lo que llamaban el Uno, y que todo cuanto existe no es sino emanación de ese Uno. Ese monismo absoluto afirma que todo cuanto existe es, en última instancia, divino. En Colosenses, así como en todo el Nuevo Testamento, queda claro que, como se afirma en los primeros capítulos del Génesis, Dios es uno y todo lo creado es otro. La creación, aunque es obra de Dios, no por eso es divina. Esto fue de importancia fundamental para los primeros cristianos, y ha seguido siéndolo a través de los siglos, porque sirve de salvaguarda contra toda idolatría que pretenda que alguna realidad que no sea Dios mismo, por muy espiritual y pura que sea, sea divina y, por tanto, digna de adoración. Esto nos lleva a lo que se dice en Colosenses 2:18 respecto al "culto a los ángeles". Puesto que en algunos círculos se les atribuían a ángeles particulares ciertos atributos o intereses, resultaba natural, cuando alguien tenía alguna petición, acercarse al ángel que parecía ser más afín al tema de la petición. Aunque en teoría esto no era culto, sino un modo de acercarse a Dios a través de los ángeles, en la práctica sí resultó ser culto y, por tanto, idolatría. Pablo lo rechaza tajantemente. Los ángeles y cualquier otro ser espiritual, ya sean buenos o malos, son criaturas de Dios y subsisten solamente porque Dios así lo desea, con lo cual volveremos al misterio inescrutable de la existencia del mal en un mundo creado, sostenido y gobernado por un Dios bueno.

Colosenses quiere dejar bien claro que la creación de todas las cosas por Cristo y en Cristo quiere decir que, quienes le siguen, han de asegurarse "que nadie los lleve cautivos por medio de filosofías y vanas sutilezas, conforme a la tradición de hombres, conforme a los principios elementales del mundo" (2:8). Los "principios elementales" a los que se refiere bien pueden ser los eones que, según los gnósticos, constituían la plenitud o *plērōma*. Posiblemente sea a esto que se refiera Colosenses al rechazar todo intento de explicar el mundo como obra de "los principios elementales".

17: ÉL ANTECEDE A TODAS LAS COSAS, Y EN ÉL TODAS LAS COSAS SUBSISTEN: La primacía del Hijo se manifiesta ahora tanto en el orden del tiempo como en el de la existencia. La primera aseveración declara que Cristo existió desde antes de la creación. Como hemos visto, más adelante este sería un punto controvertido por los arrianos. La segunda declara que este mismo Cristo es el fundamento de la existencia de todo cuanto hay. Lo que aquí se traduce como "subsistir" es una forma del verbo *synistēmi*, que había sido empleado por los filósofos para indicar que es Dios quien lo sostiene todo. Luego podemos entender estas palabras en Colosenses en el sentido de que es Cristo quien sostiene todo cuanto existe. Dos veces más aparece en este versículo la repetida insistencia en el **"todas las cosas"**. Nada queda excluido de la precedencia ni del poder sustentador de este Cristo a quien el himno alaba.

18: Y, ADEMÁS, ÉL ES LA CABEZA DEL CUERPO QUE ES LA IGLESIA: La larga oración continúa, pero ahora la atención se dirige en otra dirección. Hasta aquí, el himno ha exaltado la preeminencia de Cristo por encima de "todas las cosas". Ahora, la atención se centra en la relación entre Cristo y la iglesia. Hay una relación estrecha entre lo que se ha dicho hasta aquí acerca de Cristo y lo que ahora sigue respecto a la iglesia. En Efesios 1:10 leemos que el plan de Dios era que, llegado el cumplimiento de los tiempos, "en Cristo sean reunidas bajo una cabeza todas las cosas, tanto las que están en los cielos como las que están en la tierra". El verbo que allí se emplea (*anakefalaióō*) quiere decir volver a encabezar, o dar una nueva cabeza. (A veces se traduce como "recapitular", que etimológicamente quiere decir lo mismo, aunque derivado ahora no del griego sino del latín: dar una nueva cabeza [*caput*]). En la antigüedad, esas palabras, tanto la griega como la latina, podían entenderse en el sentido en que hoy hablamos de "recapitular" cuando queremos decir resumir, o bien en el sentido etimológico de colocar una nueva cabeza. Es en este último sentido que se emplea en Efesios. Y es a un "re-encabezar" semejante que se refiere el pasaje que estamos estudiando en Colosenses. Pero, mientras en Efesios se habla de Cristo como la nueva cabeza de todo cuanto existe, aquí se habla de Cristo como la cabeza de la iglesia. Esto no quiere decir que Colosenses tenga un sentido menos excelso de la preeminencia de Cristo, pues los versículos que anteceden muestran todo lo contrario. Lo que está aconteciendo es más bien que Colosenses se refiere primero a la preeminencia eterna y universal de Cristo, para luego referirse a su preeminencia sobre la iglesia y, más adelante, en el versículo 21, referirse específicamente a la iglesia en Colosas.

La imagen de la iglesia como cuerpo de Cristo aparece repetidamente en las epístolas paulinas (Ro 12:4-5; 1 Co 6:15; 10:17 12:12-27; etc.). Hoy día es frecuente usar esta imagen para decir que la iglesia es el agente mediante el cual Cristo obra en el mundo. Así decimos, por ejemplo, que nuestras manos son como las manos de Cristo, mediante las cuales realiza su obra. Pero en las epístolas paulinas, y ciertamente aquí en Colosenses, esa imagen tiene un sentido mucho más profundo. El mismo Cristo que existía desde el principio, que antecede a todas las cosas y en quien todas las cosas subsisten, ahora ha venido a ser la cabeza de un nuevo cuerpo que es la iglesia. Como cuerpo de Cristo, la iglesia está unida a quien era desde el principio y en quien todas las cosas subsisten. Nótese que aquí no se habla de que cada uno de los creyentes esté unido a Cristo, lo cual también es cierto, sino más bien de que todos están unidos a Él porque son parte de este cuerpo cuya cabeza es Él. **Él es el principio, el primogénito de entre los muertos para que en todo él sea preeminente:** Cristo no es solamente el principio de toda la creación, sino también el principio de la iglesia. Y esto es por razón de su resurrección. Quien siempre fue "el primogénito de toda la creación" (1:15) es ahora **"el primogénito de entre los muertos"**; es decir, el primero en resucitar de entre los muertos. Es en virtud de esa resurrección que Cristo viene a ser la cabeza de este nuevo cuerpo que es la iglesia. El resultado de esto es **"que en todo él sea preeminente"**. En pocas palabras, Cristo, el mismo que era desde el principio y en quien fueron "creadas todas las cosas que están en los cielos y en la tierra", ahora, en virtud de su resurrección, ha creado este nuevo cuerpo o nueva creación que es la iglesia, y en el cual su preeminencia se manifiesta.

19: POR CUANTO AGRADÓ AL PADRE QUE EN ÉL HABITARA TODA LA PLENITUD: Es el Padre, y no algún poder humano, quien le ha dado a Jesucristo la preeminencia a la que se refiere todo este himno. Otra vez aparece aquí, aunque ahora con mayor claridad, el tema de la "plenitud" o *plērōma*. La frase misma "toda la plenitud" es pleonástica, pues en cuanto al contenido, la palabra "toda" no le añade cosa alguna a la "plenitud". La plenitud misma lo incluye todo por definición, pero ese punto se subraya añadiendo la palabra "toda". Nada hay fuera de esta plenitud que habita en Cristo. Nótese que no se dice que Cristo sea parte de la plenitud, ni siquiera que Cristo sea la misma plenitud, sino que en Él habita la plenitud. "Habitar" es estar en algún lugar; por tanto, esto quiere decir que Cristo es mayor que la plenitud misma. No es Él quien habita en la plenitud, sino más bien la plenitud la que habita en Él. En algunos de los sistemas gnósticos que adoptaron elementos del cristianismo se hablaba tanto de "Cristo" como de "Jesús" como eones de entre los muchos que forman la plenitud. Pero aquí se dice todo lo contrario: la plenitud misma habita en Cristo.

20: Y, POR MEDIO DE ÉL, RECONCILIAR CONSIGO MISMO TODAS LAS COSAS, TANTO SOBRE LA TIERRA COMO EN LOS CIELOS: Frecuentemente pensamos que quienes necesitamos reconciliarnos con Dios somos solamente los humanos pecadores, pero estas palabras nos hacen pensar que el problema es mucho más grave. Según ellas, no son solamente los humanos pecadores quienes necesitan reconciliarse con Dios, sino también el resto de la creación. El pecado no es solamente una deuda personal que cada uno de nosotros tiene para con Dios, sino que es mucho más. Según el Génesis, Dios le dio al ser humano señorío sobre todas las cosas. En otro escrito me he referido a esto como el amplio alcance que tiene la mayordomía. Dios hizo al humano su representante en la creación, para que la manejara siguiendo los designios divinos (Gn 1 y 3). Pero el ser humano desobedeció a Dios, y la consecuencia no es solo la caída del humano, sino también de toda la creación que había sido colocada bajo su dominio. En Génesis 3:17-18, Dios le dice al hombre: "sea maldita la tierra por tu causa. Con dolor de ella comerás todos los días de tu vida; espinos y cardos te producirá, y comerás plantas del campo. Con el sudor de tu frente comerás el pan hasta que vuelvas a la tierra, pues de ella fuiste tomado". Y en Génesis 9 encontramos otra aseveración de la corrupción de la creación a causa del pecado: "El temor y el miedo de ustedes estarán en todos los animales la tierra, en todas las aves del cielo, en todo lo que se desplaza en la tierra y en todos los peces del mar" (Gn 9:1). Lo que aquí se dice en Colosenses es que el gran abismo abierto entre Dios y su creación a causa de la desobediencia humana ha sido subsanado por este humano Jesucristo, que no es otro que Dios mismo. En otro lugar, Pablo se refiere a Jesús como un nuevo Adán que deshace la obra del primero: "Así también está escrito: el primer hombre Adán llegó a ser un alma viviente; y el postrer Adán, espíritu vivificante... El primer hombre es la tierra, terrenal; el segundo hombre es celestial" (1 Co 15:45,47). La redención en Cristo es la contraparte de la caída de Adán y nuestra. Y, de igual manera que la caída de Adán tuvo dimensiones cósmicas, así también las tiene la obra de este nuevo Adán: Jesucristo.

Tomemos la frase **"todas las cosas"** literalmente. La hemos visto antes respecto a la creación, pues en 1:16 se dice que "en él fueron creadas todas las cosas". Lo que ahora puede sorprendernos es que también la reconciliación tiene ese amplio sentido. El texto dice que Dios se propuso, por medio de Cristo, **"reconciliar consigo mismo *todas las cosas*, tanto sobre la tierra como en los cielos"**. El amplio alcance de lo que aquí se dice puede sorprendernos. Según este pasaje, lo que necesita reconciliación con Dios no somos solamente nosotros los humanos pecadores, sino también las criaturas celestiales y las terrestres. En Génesis 3 se habla de la maldición de la tierra por el pecado humano. Ya eso es bastante difícil de comprender. ¿Cómo puede mi pecado llevar a la maldición de la tierra, de tal manera que ella misma, y no solamente yo, tiene necesidad de reconciliación? Me sorprende, pero eso es lo que dice el texto. Quizá hoy se nos haga más fácil entenderlo cuando por todas partes vemos los daños que la humanidad, llevada por la ambición, la codicia y la desidia, ha causado y sigue causando sobre la tierra. Pero ahora el texto nos dice más: ¡hasta lo que hay en los cielos se halla necesitado de reconciliación! Aunque esto nos sorprenda, en otros lugares de la Biblia se habla de la existencia del mal en los cielos. En Lucas 10:18, cuando los setenta discípulos a quienes Jesús había enviado a predicar regresan para informarle de lo hecho, Jesús dice: "Yo veía a Satanás caer del cielo como un rayo". Y en Apocalipsis 12 se habla de "una guerra en el cielo" en la que pelearon Miguel y sus ángeles contra el dragón, y cuando estos últimos fueron derrotados,

Satanás "fue arrojado a la tierra, y sus ángeles fueron arrojados junto con él". Todo esto concuerda con el propósito de Dios que aquí se describe como **"reconciliar consigo mismo todas las cosas, tanto sobre la tierra como en los cielos"**.

Pero ese no es el único problema que presenta el texto. Aquí se habla de una reconciliación universal. ¿Quiere decir eso que no hay tal cosa como condenación? Ciertamente no, pues el tema de la condenación aparece repetidamente en la Biblia. Pero sí quiere decir que, de algún modo, nuestra mente no alcanza a comprender el propósito de Dios incluye tanto esa reconciliación final como la condenación de algunas criaturas. Tratar de resolver la tensión entre esas dos realidades es pretender entender la mente de Dios de una manera que se encuentra mucho más allá de nuestro alcance.

En todo caso, la aseveración de que Dios desea reconciliarse con "todas las cosas" tanto celestiales como terrenales sí debe servirnos como recordatorio de que todas las cosas, tanto físicas como espirituales, tanto pasajeras como sempiternas, son objeto del amor de Dios, y todas ellas forman parte de sus designios eternos.

... habiendo hecho la paz mediante la sangre de su cruz: A través de la historia, los creyentes hemos experimentado la redención en Jesucristo; y, aunque hemos concordado en esa experiencia y en la centralidad de Jesucristo en ella, hemos tratado de explicarla de distintas maneras. Una de ellas es afirmar que la sangre de Jesucristo le paga a Dios la afrenta de nuestros pecados. Otros han dicho que la deuda no era para con Dios, sino para con Satanás, de quien éramos deudores a causa del pecado. Otros dicen que Jesucristo nos salva porque a través de su muerte y resurrección venció el poder de la muerte misma y de Satanás, que nos tenían esclavizados. Otros dicen que Jesús les ha salvado por su ejemplo de amor y perdón. Esas diferencias pueden discutirse largamente. Pero, a fin de cuentas, el hecho innegable es que todos concuerdan en que la redención es tan valiosa que costó la misma sangre y muerte de Dios encarnado. Todo lo que hasta aquí se ha dicho en esta epístola es el resultado de la cruz y de la victoria sobre ella. (Acerca de todo esto, véase más arriba el comentario a 1:49.) En todo caso, lo que aquí hay que recalcar es la dimensión cósmica del impacto de la cruz de Cristo. La epístola relaciona la reconciliación de Dios de "todas las cosas, tanto sobre la tierra como en los cielos" con el acontecimiento histórico de la crucifixión de Jesús. En otras palabras, la cruz es de importancia no solamente para los humanos, sino también para toda la creación.

21: A USTEDES TAMBIÉN: Nótese que el argumento de todo este primer capítulo parece ser como una cuña dentro de un círculo. El círculo empieza por los lectores, y aquí vuelve a ellos. Pero dentro de ese círculo hay como una cuña que empieza con un extremo bien ancho, para por fin llegar a lo más detallado. Al principio se habla de realidades cósmicas, de la "plenitud", y de cosas semejantes. Después, en el v. 18, la atención recae sobre la iglesia en general. Y ahora aquí, en el v. 21, la epístola se dirige directamente a sus destinatarios. El efecto es colocar la particularidad de los colosenses dentro de un contexto, no solo de la iglesia universal sino también de toda la creación y todas las edades. Las palabras que siguen entonces son una interpretación del himno que se acaba de citar, aplicado ahora a la condición de los colosenses.

Algunos intérpretes también sugieren que los vv. 21-23 son una especie de bosquejo invertido de lo que seguirá en el resto de la epístola. Los vv. 21 y 22, que tratan sobre la santidad de los creyentes, introducen el tema que aparece en todo el capítulo 3 y parte del 4. Al principio del v. 23 se introduce el tema de la perseverancia y firmeza que los creyentes han de tener, que se discutirá antes de lo anterior, a partir de 2:6. Y el final del mismo versículo trata de la predicación y obra de Pablo. Esto podría representarse como sigue, mostrando que el orden de lo que se menciona en los vv. 21-25 es el inverso de lo que sigue:

- 1:21-22: la santidad de los creyentes -------- 3:1–4:6
- 1:23a: su firmeza y perseverancia ---------- 2:6-23
- 1:23b: el ministerio de Pablo ---------------- 1:24–2:5

... aunque en otro tiempo estaban apartados y eran enemigos por tener la mente ocupada en las malas obras: La aseveración de que los creyentes en Colosas en otro tiempo habían estado "apartados" puede ser la contraparte de lo que se ha dicho antes acerca de la iglesia como un cuerpo cuya cabeza es Cristo; pero el texto no lo dice explícitamente. La palabra que se traduce como "apartados" es una forma del verbo *ápeimi*, que significa estar lejos o ausente, en lugar de estar apartados en el sentido de estar separados. Por tanto, aunque la traducción se podría entender en el sentido de estar "apartados" del cuerpo de Cristo al que la epístola acaba de referirse, posiblemente sería más exacto decir que estaban lejos. Las traducciones de la RVR y de la VP, "extranjeros" y "extraños", tampoco dan la idea de lejanía que el texto griego implica. El que se les describa en tales términos parece indicar que, al menos la mayoría si no todos los creyentes en Colosas habían sido gentiles, lo cual es uno de los argumentos que se aducen para atribuirle la epístola no a Pablo, sino a algún autor posterior. En la Epístola a los Efesios, paralela a Colosenses, se trata indudablemente de gentiles: "en otro tiempo ustedes, los gentiles en la carne, eran llamados incircuncisión por la llamada circuncisión… Apartados de la ciudadanía de Israel y ajenos a los pactos de la promesa" (Ef 2:11-12).

En todo caso, estos colosenses no solamente estaban lejos, sino que también eran **"enemigos"**. El estar apartados, de Dios o de las promesas hechas a Israel, les hace también enemigos. El texto no dice de quién eran enemigos, si eran enemigos de Dios o si lo eran entre sí, aunque la gramática griega parece excluir esta última interpretación. La enemistad parece ser tanto contra Dios como contra el pueblo y la religión de Israel. Esto lo confirman las palabras que siguen: **"enemigos por tener la mente ocupada en las malas obras"**. Lo que hacía a estas personas enemigas de Israel y de Dios, y las apartaba de ambos, era su obsesión, su **"mente ocupada"** en malas obras.

… ahora los ha reconciliado: Aquí se contrasta el "otro tiempo" del principio del versículo con el **"ahora"** que describe la situación en que los colosenses creyentes se encuentran en el presente. Ese contraste en el tiempo también se manifiesta en un contraste entre la condición original, cuando "estaban apartados y eran enemigos", y la presente, pues **"ahora los ha reconciliado"**. El tema de la reconciliación ha aparecido antes, en los vv. 20 y 21, donde parece ser cita de un himno. Esto podría indicar que el himno se está empleando como modo de conectar lo que la epístola dice con el himno que muy probablemente los colosenses ya conocían y empleaban en su culto.

22: EN SU CUERPO FÍSICO POR MEDIO DE LA MUERTE: La división en versículos aquí resulta extraña y arbitraria, pues lo que se dice en el presente versículo no se entiende sin las palabras anteriores: "ahora los ha reconciliado". Esta reconciliación tiene lugar **"en su cuerpo físico"**. Una traducción más exacta y literal sería "en su cuerpo de carne". Lo que aquí se subraya es la realidad física y carnal del cuerpo de Cristo. Aparentemente, las palabras "de carne" se han añadido para aclarar que esto no se refiere primeramente a la comunidad de los creyentes, a la iglesia, como en el caso de Colosenses 1:18: "él es la cabeza del cuerpo que es la iglesia". En un sentido, el "cuerpo de Cristo" es la iglesia; pero, en el sentido en que aquí se aplica, el "cuerpo de Cristo" es literalmente el cuerpo físico de Cristo, que caminó y habló en Galilea, y que murió y resucitó en Jerusalén. Es en ese cuerpo físico que han sido reconciliados. Esa reconciliación ha tenido lugar **"por medio de la muerte"** de ese cuerpo físico. Al leer esto, conviene recordar que pronto aparecerían quienes pensarían que Cristo no pudo tener cuerpo físico, pues ello le haría esclavo de la materia. Tal doctrina recibe el nombre de "docetismo", palabra que se deriva de un término griego que significa "apariencia". Quienes sostenían esa postura, entre ellos los gnósticos pero también otros, creían que Cristo tenía un cuerpo de apariencia física, pero en realidad era puramente espiritual. El énfasis en la muerte del "cuerpo físico" o "de carne" de Jesús indica que la epístola va dirigida, si no contra el gnosticismo cristiano, que no aparece en sus formas más conocidas sino algo más tarde, ciertamente contra algunas tendencias docéticas que empezaban a manifestarse en la iglesia de Colosas, y que pronto se harían comunes en el gnosticismo. Este rechazo del docetismo se refuerza con la frase "por medio de la muerte", que les recuerda a los lectores que la fe cristiana no es como una doctrina filosófica que alguien enseñó; que lo que Jesucristo ha hecho por sus seguidores no es solamente enseñarles algo o señalarles nuevas pautas de vida, sino que es una obra de reconciliación que ha requerido el sufrimiento y hasta la muerte.

En vista de las tendencias docéticas que circulaban entonces, no es solamente en Colosenses donde vemos ese énfasis en la realidad del cuerpo de Cristo. En 1 Juan 4:2-3 dice: "Todo espíritu que confiesa que Jesucristo venido en carne procede de Dios, y todo espíritu que no confiesa a Jesús no procede de Dios. Este es el espíritu del anticristo". La misma preocupación se encuentra en el trasfondo del credo que ahora llamamos "apostólico", que subraya la realidad física de Jesús, quien "nació... padeció... fue crucificado, muerto y sepultado" y "resucitó".

... para presentarlos santos, sin mancha e irreprensibles delante de él: La palabra que aquí se traduce por **"presentarlos"** es un verbo que se usaba frecuentemente al presentar un sacrificio. Es así que aparece en Romanos 12:1: "presenten sus cuerpos como sacrificio vivo...". Hay una relación estrecha entre los tres elementos principales de esta frase: **"santos"**, **"sin mancha"** e **"irreprensibles"**. En el lenguaje cotidiano, frecuentemente empleamos las palabras "santo" o "santa" para referirnos a una persona extremadamente virtuosa. Y no cabe duda de que, como este versículo claramente muestra, hay una relación estrecha entre la santidad y la pureza, entre presentarlos **"santos"** y presentarlos **"sin mancha e irreprensibles"**. Pero la pureza y la santidad no son lo mismo. Hablamos, por ejemplo, de la Tierra Santa no porque esa tierra sea pura o virtuosa, sino porque es tierra que tiene una relación particular con Dios. En el sentido estricto, la santidad le pertenece solamente a Dios. La santidad de Dios es tal, que ningún pecador podría resistirla. Pero ahora, en virtud de la muerte de Jesucristo, es posible que los colosenses, u otros creyentes, puedan ser presentados **"sin mancha e irreprensibles"** y, por tanto, estar en la presencia de Dios y por esa presencia ser **"santos"**.

Ciertamente, esto no quiere decir que los lectores a quienes la epístola iba dirigida hayan sido personas **"sin mancha e irreprensibles"**. Ya se ha dicho que "en otro tiempo estaban apartados y eran enemigos", y que esto se debía a su "mente ocupada en las malas obras". Lo que les hace libres de toda mancha no es su propia pureza, una pureza que ciertamente se espera de ellos, sino más bien la reconciliación por medio de la muerte del cuerpo físico de Jesucristo. Es gracias a esa reconciliación que pueden ser presentados ante Dios como **"santos"**.

Por otra parte, empero, la naturaleza de la santidad es tal, que necesariamente conlleva pureza y virtud. Eso se discutirá más adelante en la epístola, y por tanto basta con mencionarlo aquí.

23: POR CUANTO PERMANECEN FUNDADOS Y FIRMES EN LA FE, SIN SER REMOVIDOS DE LA ESPERANZA DEL EVANGELIO QUE HAN OÍDO: El "por cuanto" quiere decir que, para que se cumpla lo que se acaba de prometer en el v. 22, es necesario que se cumpla también lo que se dice en el 23. La RVR lo señala más fuertemente que la RVA al decir "pero es necesario". El tema general de esta primera parte del versículo es la perseverancia. Es necesario que los creyentes permanezcan **"fundados y firmes en la fe"**. Aquí vemos una vez más el uso del pleonasmo, es decir, de palabras innecesarias que prácticamente repiten lo que antes se ha dicho para reforzar lo que se afirma. El estar **"fundados"** traduce una palabra que normalmente quiere decir estar fijo, establecido, como el cimiento sobre el cual se construye un edificio, y por tanto indica permanencia pero también seguridad. A esto se añade ahora la palabra **"firmes"**, que frecuentemente se usa para los soldados en la batalla, y también indica permanencia, estabilidad, perseverancia. La unión de estas dos palabras refuerza lo que se quiere decir.

Esa firmeza o perseverancia ha de ser **"en la fe"**. Si usamos la imagen de un soldado que permanece firme en la batalla, la fe viene a ser como el lugar donde ese soldado se para en firme y se niega a retroceder. Si usamos la imagen de un edificio fundado sobre un cimiento, la fe viene a ser el cimiento que sostiene todo el edificio e impide que sea trasladado a otro lugar. Ambas imágenes juntas dan a entender que la fe ha de ser el fundamento inconmovible en el cual los creyentes han de permanecer.

Pero a esto se añade otra dimensión: **"sin ser removidos de la esperanza del evangelio que han oído"**. Lo primero que notamos es que aquí aparecen dos de las virtudes que se subrayan al final del himno al amor en 1 Corintios 13, y que ya hemos visto más arriba al comentar sobre 1:4-5. Los creyentes han de estar "fundados y firmes en la fe" y "sin ser removidos de la esperanza". Hay una estrecha relación entre la fe y la esperanza. Esto es tema común en la predicación cristiana de los primeros siglos. Prueba de ello es el bien conocido versículo en Hebreos 11:1: "la *fe* es la constancia de las cosas que *se esperan*" (énfasis del autor). El hecho mismo de que en el pasaje que estamos estudiando no se mencione el amor, que es la otra de las tres llamadas "virtudes teológicas", es prueba de que no se trataba de una trilogía que siempre había que emplear juntamente, sino más bien de tres ideas que se complementan entre sí para dar un cuadro más completo de la vida cristiana. Por otra parte, también hay que recalcar que, cuando los antiguos cristianos se referían a ella, la "esperanza" no era lo que entendemos hoy en nuestro uso corriente de esa palabra, es decir, una posibilidad. Frecuentemente, por "esperanza" lo que entendemos es un mero sentimiento. Tal es el caso cuando decimos, por ejemplo, "espero que mañana no llueva". En tal caso, la supuesta esperanza no es más que expresión de un deseo. Tampoco es la esperanza de quien dice "espero poder hacerlo", donde la esperanza viene a ser una promesa a medias. La esperanza, como bien leemos en Hebreos, es una certeza. Lo que distingue tal esperanza de la realidad no es que sea menos segura, sino que todavía no se manifiesta. Luego lo que el pasaje que estamos estudiando quiere decir es que los cristianos podrán ser presentados santos, sin mancha e irreprensibles si permanecen firmes en **"la esperanza del evangelio"**. Ese evangelio, esas buenas nuevas, es precisamente lo que se acaba de decir en los dos versículos anteriores respecto a la reconciliación que ha tenido lugar por los sufrimientos físicos de Cristo.

... que han oído: Aquí se repite el tema que ya hemos visto en 1:4-6, 9 y 23.

... el cual ha sido predicado en toda la creación debajo del cielo: Esto es naturalmente una hipérbole; es decir, una figura de construcción en la que se exagera lo que se dice para darle mayor fuerza. En este caso, Pablo sabía bien que todavía habría lugares donde no se había predicado el evangelio. Antes, en 1:6, se había empleado ya una hipérbole semejante. Pero lo que entonces era "todo el mundo" ahora se acrecienta y viene a ser **"toda la creación debajo del cielo"**. Al emplear esta hipérbole, les está diciendo a los colosenses que ellos son parte de una comunidad de fe constituida por un mensaje, las buenas nuevas de Jesucristo, que ya se ha esparcido por buena parte del mundo conocido. Por tanto, los colosenses no estarán solos cuando sea necesario mostrar que permanecen **"fundados y firmes en la fe, sin ser removidos de la esperanza"**. (En Apocalipsis 14:6-7 se habla de un ángel "que volaba en medio del cielo", y que llevaba "el evangelio eterno para predicarlo a los que habitan en la tierra". Es difícil determinar qué relación pueda haber entre esa visión de un ángel bajo el cielo proclamando el evangelio y lo que aquí se dice acerca de que el evangelio ha sido **"predicado en toda la creación debajo del cielo"**.)

IV

PABLO, MINISTRO DEL EVANGELIO: 1:23B–2:5

De este evangelio yo, Pablo, llegué a ser ministro. 24 Ahora me gozo
en lo que padezco por ustedes, y completo en mi propia carne lo
que falta de las tribulaciones de Cristo a favor de su cuerpo, que
es la iglesia. 25 De ella llegué a ser ministro según el oficio divino
que Dios me dio a favor de ustedes, para dar pleno cumplimiento
a la palabra de Dios: 26 el misterio de Dios que había estado
oculto desde los siglos y las generaciones, pero que ahora ha sido
revelado a sus santos. 27 A estos, Dios ha querido dar a conocer
cuáles son las riquezas de la gloria de este misterio entre las
naciones, el cual es: Cristo en ustedes, la esperanza de gloria. 28 A
él anunciamos nosotros, amonestando a todo hombre y enseñando
a todo hombre con toda sabiduría, a fin de que presentemos a todo
hombre perfecto en Cristo Jesús. 29 Por esto mismo yo trabajo,
esforzándome según su potencia que obra poderosamente en mí.
2 Quiero, pues, que sepan cuán grande conflicto tengo por
ustedes, por los de Laodicea y por todos los que nunca me han
visto personalmente 2 para que unidos en amor, sus corazones sean
reanimados hasta lograr toda la riqueza de la plena certidumbre de
entendimiento, para conocer el misterio de Dios; es decir, Cristo
mismo. 3 En él están escondidos todos los tesoros de la sabiduría
y del conocimiento. 4 Digo esto para que nadie los engañe con
falsos argumentos persuasivos. 5 Pues, aunque estoy ausente en

el cuerpo, no obstante, en espíritu estoy con ustedes, gozándome y mirando su buen orden y la firmeza de su fe en Cristo.

23B: DE ESTE EVANGELIO YO, PABLO, LLEGUÉ A SER MINISTRO: Volviendo a lo que dijimos antes respecto a los versículos 1:21-23, debemos señalar que aquí Pablo pasa al último de los temas que se mencionan en el bosquejo al revés que vimos en esos versículos. Estas palabras son tanto la conclusión de lo que antecede como el primero de los tres puntos principales que se bosquejan en 1:21-23. También cabe notar que, aunque la RVA coloca esta segunda parte del v. 23 en un párrafo aparte, la traducción de la RVR es más literal, y muestra que la larga oración que introduce el ministerio de Pablo no termina sino al final del v. 23. Al dividir el v. 23 como lo hace, la RVA muestra más claramente que aquí comienza un nuevo tema: el del ministerio de Pablo.

... yo, Pablo: Hasta aquí, la epístola emplea la primera persona del plural, "nosotros", para referirse a quien escribe, y por tanto da a entender que son palabras de Pablo juntamente con Timoteo. Aquí, sin embargo, se pasa a la primera persona del singular: **"yo, Pablo"**. Esto se debe en parte al tema que se va a tratar, que es el ministerio del propio Pablo. Sería entonces complicado continuar con la forma plural, pues habría que decir y repetir una fórmula engorrosa, como: "uno de nosotros, Pablo". Y a partir de entonces habría que hablar en tercera persona: "uno de nosotros, Pablo, llegó a ser ministro". Es Pablo quien está escribiendo, o más bien dictando, la epístola en compañía de Timoteo. Si bien menciona a este compañero y colega al principio de la carta y por eso escribe en plural, cuando pasa a hablar de su propio ministerio se refiere a sí mismo en singular: "yo". Cabe notar que, al final de la carta, donde se envían saludos a varias personas, no se vuelve a mencionar a Timoteo entre quienes envían esos saludos. Esto da a entender que, a pesar de emplear el singular en buena parte de la carta, todavía el autor piensa que está escribiendo en nombre de ambos, Pablo y Timoteo.

... llegué a ser ministro: El "llegué" puede ser un modo de referirse a lo que en otro lugar Pablo dice, que "al último de todos, como a uno nacido fuera de tiempo, me apareció a mí también" (1 Co 15:8). Por otra parte, lo que se traduce por "llegué" también puede traducirse, como lo hace la RVR, como "fui hecho". Esto evita la impresión de que Pablo se esté refiriendo a un esfuerzo por parte propia y pretendiendo que, como resultado de su empeño, ha llegado a ser lo que es; en otras palabras, que se puede llamar **"ministro"** del evangelio porque de algún modo lo ha alcanzado. Esto sería contrario a buena parte de la teología paulina. Lo que aquí se traduce por "ministro" es la palabra griega *diákonos*. Esto puede producir cierta confusión. Aquí no se trata de un título, como si Pablo quisiera decir que ha venido a ser diácono en el sentido en que hoy se entiende esa palabra. El término griego *diákonos* se empleaba tradicionalmente en el sentido de "servidor" o "ayudante". Pablo parece usarlo como título en su salutación a los filipenses, donde se dirige a "todos los santos en Cristo Jesús que están en Filipos, con los obispos y diáconos". También lo usa como título, ahora en su forma femenina, al final de Romanos, donde dice que Febe es "diaconisa" de la iglesia de Cencrea (Ro 16:1). Esto puede confundir, pues lo que hoy entendemos por "diaconisa" no es lo mismo que un "diácono", sino que en algunas iglesias se les atribuyen a las diaconisas funciones muy diferentes de las de los diáconos. No hay indicio alguno de que las funciones de Febe hayan sido diferentes de las de los diáconos a los que se refiere Pablo en Filipenses. Lo que es más, cuando Pablo dice que recomienda a Febe, es muy probable que les esté diciendo a los romanos que Febe puede aclararles cualquier duda que tengan acerca de lo que Pablo escribe. Tal era la práctica antigua cuando se mandaba una carta de recomendación: el portador frecuentemente llevaba también autoridad de intérprete. Por último, cabe mencionar que el título de "diácono" aparece también en 1 Timoteo. En todo caso, lo importante es que, en Colosenses, Pablo no está reclamando para sí el título de "diácono", sino que sencillamente se está declarando servidor del evangelio. Por esa razón, hacen bien la RVA y la RVR al traducirlo como **"ministro"** del evangelio. Aun en ese caso, debemos ser cuidadosos, pues hoy frecuentemente la palabra "ministro" es un título; además, en parte porque es también el título que se les da a algunos altos funcionarios en los gobiernos, viene a ser un título de privilegio. Lo que Pablo quiere decir aquí no es que él tenga alguna autoridad especial, autoridad que sí reclama en otros lugares, sino sencillamente que es sirviente del evangelio.

24: AHORA ME GOZO EN LO QUE PADEZCO POR USTEDES, Y COMPLETO EN MI PROPIA CARNE LO QUE FALTA DE LAS TRIBULACIONES DE CRISTO A FAVOR DE SU CUERPO, QUE ES LA IGLESIA: Es necesario relacionar esto con lo que antecede acerca de Pablo como "ministro" del evangelio. Parte del ministerio de Pablo está en sus sufrimientos. No olvidemos que tanto en Colosenses (4:18) como en Filemón, carta compañera de la que estudiamos ahora, Pablo se nos presenta como prisionero a causa del evangelio (Flm 1: 23). Por tanto, parte de los "sufrimientos" a que se refiere es el encarcelamiento mismo. Pero además de eso sabemos que, en sus viajes misioneros, Pablo sufrió muchas otras cosas. En 2 Corintios 11:23-30 Pablo cuenta de sus muchos encarcelamientos, azotes y peligros de toda suerte. En esos sufrimientos, Pablo se goza; pero no porque el sufrimiento mismo sea razón de gozo, sino más bien porque se trata de un sufrimiento a favor de otras personas, en este caso los colosenses mismos: **"me gozo en lo que padezco por ustedes"**.

Hasta aquí, todo el versículo resulta claro; pero ahora se introduce la difícil frase: **"y completo en mi propia carne lo que falta de las tribulaciones de Cristo a favor de su cuerpo, que es la iglesia"**. El problema está en que aquí se habla de completar (*antanaplēroō*), un verbo que no parece en ningún otro pasaje del Nuevo Testamento, y que incluye la misma raíz que el pleroma o plenitud a los que ya nos hemos referido. ¿Cómo se ha de hablar de algo que les falte a las tribulaciones de Cristo, cuando todo lo que antecede en la epístola se refiere a la plenitud de la obra salvífica de Cristo? ¿Será que los sufrimientos de Cristo no bastan? Si Cristo es la plenitud, como la carta afirma, ¿cómo se puede entender esto de completar la plenitud misma? Según lo que hemos visto hasta aquí, la obra de Cristo basta para la redención de todas las criaturas, no solamente en la tierra sino también en el cielo. Se trata indudablemente de una redención cósmica. ¿Cómo puede entonces faltarles algo a las tribulaciones de Cristo? Sobre esto se han ofrecido diversas interpretaciones. Una de esas interpretaciones usa la frase **"lo que falta de las tribulaciones de Cristo"** para justificar la visión medieval, según la cual hay un "tesoro de méritos" que consiste, ante todo, en los méritos de Cristo por razón de su sufrimiento, pero al cual los creyentes añaden también sus propios méritos; en este caso, los méritos alcanzados por su sufrimiento. Tristemente, esa interpretación sirvió de fundamento para todo el sistema penitencial de la Edad Media, cuando se decía que la iglesia tenía el poder de administrar el tesoro de los méritos, y de ese modo se justificaba, entre otras cosas, la venta de indulgencias. Otros intérpretes relacionan esto con visiones apocalípticas que circulaban entre los judíos del siglo I y que, como el Apocalipsis de Juan, anunciaban que antes de la consumación de los designios divinos habría catastróficos sufrimientos. Lo más probable es que debamos entender estas palabras en otro sentido, y para ello tenemos que estudiar el texto cuidadosamente. En primer lugar, es digno de notar el hecho de que todo que dice Pablo acerca de sus sufrimientos y de los del cuerpo de Cristo se abre y cierra con referencias a los creyentes. Al principio, dice **"padezco por ustedes"**; al final, **"a favor de su cuerpo, que es la iglesia"**. En segundo lugar, aquí se habla, por una parte, de los sufrimientos de Pablo, y por otra de los de Cristo; tanto los unos como los otros a favor de los creyentes (**"por ustedes"** y **"a favor de su cuerpo que es la iglesia"**). En tercer lugar, hay que notar el contraste entre la palabra **"carne"**, que se refiere al cuerpo de Pablo, y la palabra **"cuerpo"**, que se refiere a la iglesia como el cuerpo de Cristo. En ese sentido, es importante recordar que poco antes (v. 22) Pablo se ha referido al "cuerpo físico" de Cristo. Por último, la palabra que aquí se traduce por "tribulaciones" (*thlipsis*) siempre se emplea en el resto del Nuevo Testamento como referente a las tribulaciones de los últimos días, o a las tribulaciones de alguna persona (como ejemplo de lo primero, véase Mt 24:9, 21; Ap 2:10; 7:14; como ejemplo de lo segundo, Ro 5:3; 8:35; 12:12). Solamente aquí, en Colosenses 1:24, se relaciona con los sufrimientos de Cristo. En todo caso, lo que **"falta de las tribulaciones de Cristo"** tiene lugar **"a favor de su cuerpo, que es la iglesia"**. Todo esto nos lleva a pensar que Pablo no está diciendo que la redención que tiene lugar en Cristo mediante sus sufrimientos sea incompleta, lo cual contradiría todo el resto de la epístola. Se está refiriendo más bien a los sufrimientos que todavía son necesarios para este cuerpo de Cristo que es la iglesia. La iglesia se une a Cristo no solamente por su fe, sino también haciéndose partícipe de sus sufrimientos. Ese sufrimiento por parte de los creyentes es lo que falta todavía al sufrimiento de Cristo, al sufrimiento de ese cuerpo suyo que es la iglesia. En todo el Nuevo Testamento se habla repetidamente de los sufrimientos que la iglesia ha de sufrir en sus miembros. Aunque la fe ayude a los creyentes a entender el sufrimiento de una manera distinta del resto de la humanidad, esto no libra a los cristianos del sufrimiento; al contrario, les lleva a nuevos sufrimientos, como acontece en el caso de Pablo. Pablo sufre como cualquier ser humano; pero a esto se añaden las tribulaciones que le vienen por razón de su fe y de su ministerio.

25: DE ELLA LLEGUÉ A SER MINISTRO SEGÚN EL OFICIO DIVINO QUE DIOS ME DIO: la frase **"llegué a ser ministro"** repite lo que ya se dijo en el v. 23. Esto quiere decir que en cierto modo el v. 24, al que precede y también sigue dicha frase, debe verse como una explicación de ella. Los sufrimientos a los que se refiere Pablo en el v. 24 son expresión y resultado de su ministerio. Lo que la RVA traduce por **"según el oficio divino"**, la RVR traduce por "según la administración de Dios". Esto último es una traducción más exacta, pues lo que el texto griego dice es *kata tēn oikonomian tou theou*. La palabra griega *oikonomía* quiere decir administración, y se deriva de dos palabras, de las cuales la primera se refiere a una casa, y la segunda a las leyes que la gobiernan. Generalmente, en el Nuevo Testamento se traduce como "mayordomía". Cuando se trata de la *oikonomía* divina, generalmente se refiere a los designios de Dios. En el pasaje que ahora estudiamos no se trata de los designios eternos de Dios, sino más bien de la mayordomía o administración que Dios le ha dado a Pablo (RVA: "el oficio divino que Dios me dio"; RVR: "la administración de Dios que me fue dada"; BJ: "la misión que Dios me concedió"; la NVI parece combinar ambos sentidos: "según el plan que Dios me encomendó"). Además, cabe notar que, mientras en el v. 23 Pablo es ministro o servidor del evangelio, aquí en el 25 se declara ministro o servidor de la iglesia. Servir al evangelio conlleva servir a la comunidad de fe; y servir a la comunidad de fe conlleva servir al evangelio.

... a favor de ustedes: Frase paralela a la que aparece en el v. 24: "padezco por ustedes". La estructura de estos versículos se complica porque ahora se repite otra idea más: la misma que aparece en el v. 24: "por ustedes". Acabamos de ver que algo semejante sucede con la frase "llegué a ser ministro". Luego, en cierto modo, tenemos aquí una estructura como de un emparedado que empieza y termina con el ministerio de Pablo a favor de quienes reciben la carta; aunque no exclusivamente de ellos, sino de toda la iglesia, pues la epístola misma dice que Pablo no había trabajado directamente entre los colosenses. En medio de ese emparedado, como la carne entre dos rebanadas de pan, están los sufrimientos a los que Pablo se refiere. La esencia del ministerio es un servicio que conlleva sacrificios y tribulaciones.

... para dar pleno conocimiento de la palabra de Dios: En este contexto, el "dar conocimiento de la palabra de Dios" es mucho más que enseñar la Biblia. Ciertamente incluye tal enseñanza. Pero también, como veremos en el próximo versículo, es una enseñanza que interpreta toda la Biblia y toda la obra de Dios a través de lo que se ha dicho anteriormente acerca de Cristo y de su obra.

26: EL MISTERIO DE DIOS: Esta es la primera vez que la palabra **"misterio"** aparece en nuestro texto. Esta palabra merece cierta atención, pues se ha discutido mucho acerca de las "religiones de misterio" que circulaban en la antigüedad, y acerca del impacto que pueden haber marcado en el cristianismo. Si hay alguna relación entre la fe cristiana y los misterios, esto se debe a la situación paralela a lo descrito anteriormente cuando el antiguo Egipto de los faraones perdió su identidad política y vino a ser parte del gran Imperio Romano. Como resultado de aquello, el antiguo culto a Isis y Osiris se volvió una nueva religión que se caracterizaba por la admisión a ella no por ser egipcio, sino sencillamente por un rito de iniciación. De manera semejante, la fe de Israel se vio obligada a transformarse cuando no hubo ya una nación ni un templo que pudieran servirle de centro. Cuando eso sucedió, la mayoría de los hijos de Israel siguieron el camino de lo que hoy llamamos judaísmo. Pero también la antigua fe de Israel, ahora renovada y transformada por la muerte y resurrección de Jesucristo, estuvo al alcance de los gentiles tanto como de los judíos mismos. Como en el caso de Egipto, la entrada al cristianismo no era cuestión de tener sangre hebrea, sino más bien un proceso mediante el cual el individuo se preparaba para unirse a la iglesia, y esto se hacía finalmente mediante el rito del bautismo. Ese paralelismo llevó a los historiadores, particularmente en los últimos dos siglos, a estudiar la relación entre las llamadas "religiones de misterio" y la fe cristiana de los primeros siglos. Al encontrar tales paralelismos, muchos de esos historiadores llegaron a la conclusión de que la iglesia los había tomado de las religiones de misterio. Hoy día eso se pone en duda por varias razones. Una de ellas es sencillamente que casi todo lo que sabemos acerca de las religiones de misterio y sus prácticas de iniciación es bastante posterior a los orígenes del cristianismo y, por tanto, es factible pensar que las semejanzas que los eruditos señalan bien pueden haberse debido a la influencia del cristianismo sobre las religiones de misterio, y no viceversa. Tal opinión se refuerza por cuanto hay múltiples ejemplos del impacto que el cristianismo dejó en las religiones de la época, así como en los diversos sistemas gnósticos.

En el Nuevo Testamento, la palabra "misterio" (*mystērion*) aparece repetidamente. Jesús se refiere a "los misterios del reino" (Mt 13:11; Mr 4:11; Lc 8:10). En las epístolas paulinas aparece también en varios sitios (véase, por ejemplo, Ro 11:25; 16:25; 1 Co 2:7; 4:1; 13:2; 14:2; 15:51; etc.). Pero es en Efesios y Colosenses donde encontramos las referencias más frecuentes al "misterio". Por último, antes de volver al pasaje mismo en Colosenses, es importante notar que la palabra "misterio" también aparece cuatro veces en el Apocalipsis, aunque con un sentido distinto del paulino (Ap 1:20; 10:7; 17:5; 17:7). La inmensa mayoría de las ocasiones en que Pablo habla de un "misterio" no se refiere a alguna doctrina, a un rito, ni a un secreto que solamente los iniciados pueden conocer. Tales eran los usos más comunes que las religiones de misterio le daban a la palabra. En contraste, en casi todas las referencias paulinas el "misterio" es un acontecimiento que Dios tenía en sus designios secretos, y que ahora se ha hecho realidad. Pablo termina su Epístola a los Romanos refiriéndose al evangelio como "la revelación del misterio que se ha mantenido oculto desde tiempos eternos" (Ro 16:25). En ese sentido usa la misma palabra tanto en Efesios como en Colosenses. Así, leemos en Efesios: "Por revelación me fue dado a conocer este misterio, como antes lo he escrito brevemente. Por tanto, leyéndolo, podrán entender cuál es mi comprensión en el misterio de Cristo. En otras generaciones no se dio a conocer este misterio a los hijos de los hombres, como ha sido revelado ahora a sus santos apóstoles y profetas por el Espíritu a saber: que en Cristo Jesús los gentiles son coherederos, incorporados en el mismo cuerpo y copartícipes de la promesa por medio del evangelio" (Ef 3:3-6).

Ese es el sentido de la palabra "misterio" en Colosenses. En el pasaje que estamos estudiando, se trata de un misterio **"que estaba oculto desde los siglos y las generaciones, pero que ahora ha sido revelado a sus santos"**. Lo mismo es cierto de las otras tres ocasiones en que aparece la palabra **"misterio"** en nuestra epístola: la primera de ellas (1:27) es sencillamente continuación de lo citado. En 2:2 vemos que el "misterio de Dios" no es otro que "Cristo mismo". Y en 4:3, sin explicar de qué se trata el misterio, se nos presenta a Pablo sencillamente diciendo que está preso por el "misterio de Cristo". En ninguno de estos casos el "misterio" es un rito de iniciación. Aunque el bautismo es tema central en la epístola, nunca se le aplica directamente la palabra "misterio". Además, en otra literatura cristiana de los primeros tiempos aparece la palabra "misterio" empleada del mismo modo, como un acontecimiento que manifiesta los designios secretos de Dios. Ignacio de Antioquía se refiere a la muerte de Jesús como "misterio que algunos niegan" (*Ep. a los Magnesios*, 9.1), y a la concepción virginal, el nacimiento y la muerte de Jesús como "tres misterios sonoros que se cumplieron en el silencio de Dios" (*Ep. a los Efesios*, 19:1; BAC 65:458). Además, cabe notar que el uso del término "misterio" por el filósofo judío Filón de Alejandría tampoco se refiere a ritos de iniciación secretos, sino más bien a las riquezas escondidas en las Escrituras. Ese uso es muy diferente del que encontramos en las referencias a las religiones de misterio. En ellas, el "misterio" no es un designio divino escondido a través de los siglos que ahora ha sido revelado, sino más bien el rito secreto mediante el cual los neófitos se inician en la nueva religión. Es en ese sentido, y usualmente en su forma plural, como lo utiliza el apologista cristiano Justino cuando se refiere a los misterios de Adonis (*1 Apol.*, 27), a quienes "se mutilan públicamente… y refieren esos misterios a la madre de los dioses" (*1 Apol.*, 27; BAC 116:211), a cómo los demonios "introdujeron el asno en sus misterios", es decir, los misterios de Dionisio (*1 Apol.*, 54; BAC 116:54), o cuando declara que "los perversos demonios" hicieron que los seguidores de "los misterios de Mitra" imitaran lo que hacían los cristianos (*1 Apol.*, 66; BAC 116:257).

El propio Justino, sin embargo, también usa la palabra "misterio", aunque ahora en singular, como equivalente a la fe cristiana. Tras resumir el contenido de esa fe, Justino dice que quienes tachan a los cristianos de locos es porque "ignoran el misterio que hay" en lo que acaba de decir acerca de Dios, de Jesucristo y del Espíritu (*1 Apol.*, 13; BAC 116:194). En su *Diálogo con Trifón*, Justino se refiere a "este misterio Salvador, es decir, la pasión de Cristo, por la que nos salvó" (*Dial.*, 74.3; BAC 116:435). Y más adelante señala que, en sus palabras a Moisés, Dios estaba anunciando el "misterio de la cruz" (*Dial.*, 91.1; BAC 116:464).

En resumen, entre los autores cristianos de los primeros siglos, los "misterios" son los ritos sagrados de iniciación y las religiones que se encuentran tras ellos, mientras que el **"misterio"**, en singular, es el hecho mismo de Jesucristo. Es así como lo emplea Colosenses al decir que este misterio **"estaba oculto desde los siglos y las generaciones, pero ahora ha sido revelado"**.

Es por razón de lo que aquí se dice y de lo que sigue que, al comentar sobre el versículo anterior, dijimos que el ministerio al que Pablo se refiere aquí no se limita a enseñar la Biblia, sino que va bastante más lejos. Ciertamente, Pablo estaba convencido de que Dios habla a través de las Escrituras de Israel, que hoy llamamos el Antiguo Testamento, pues en tiempos de Pablo el Nuevo Testamento estaba todavía en proceso de formación. Pero también, aquí en Colosenses, afirma que aun en medio de esa revelación al pueblo de Israel había todavía un **"misterio de Dios que había estado oculto desde los siglos y las generaciones"**. El uso de la palabra "misterio" podría dar entender que Pablo se refiere a algún secreto que solamente unos pocos pudieran conocer. En ese sentido, un "misterio" se resuelve tan pronto como se le explica. Esto es lo que sucede hoy en las llamadas "novelas de misterio", en las que hay un crimen y el propósito de la obra misma es descubrir al fin quién lo cometió. Aquí en Colosenses, como también en Efesios, el **"misterio"** no es un problema que debamos resolver, ni es tampoco una doctrina esotérica como la de los gnósticos. Además, es importante aclarar que el **"misterio de Dios"** tampoco quiere decir en este contexto que Dios sea un misterio, lo cual bien puede ser cierto, pero no es a lo que la epístola se refiere. El **"misterio de Dios"** es más bien los designios eternos de Dios, lo que Dios hace y se propone hacer con su creación. Esto se ve claramente en el versículo que sigue.

Más adelante, los teólogos cristianos empezarían a usar la palabra "misterio" para referirse a lo inexplicable. Así se habla hoy, por ejemplo, del "misterio" de la Trinidad. Pero ese no es el sentido de la palabra en el Nuevo Testamento.

... que estaba oculto desde los siglos y las generaciones, pero que ahora ha sido revelado a sus santos: Aquí aparece una vez más el contraste entre el "antes" y el "después" que vimos en el v. 21. Así como los colosenses antes estuvieron "apartados y eran enemigos" y ahora han sido reconciliados, así también en los tiempos anteriores, **"desde los siglos y las generaciones"**, el misterio había estado oculto; pero **"ahora ha sido revelado a sus santos"**. Una vez más, es importante recalcar que aquí la palabra **"santos"** no se refiere a personas que hayan alcanzado un nivel superior de devoción o de virtud, sino a todos los que forman la iglesia. Son santos no porque sean buenos, sino porque están cercanos a Dios, porque están unidos a Él en un cuerpo cuya cabeza es Cristo, quien es la "plenitud" de Dios.

27: A ESTOS, DIOS HA QUERIDO DAR A CONOCER: El misterio al que se refiere el versículo anterior, y que aparecerá también en este, no es como los misterios de los que hablamos en el lenguaje común, y que buscamos resolver o al menos comprender. Aquí se dice claramente que este misterio no está sujeto a la comprensión o investigación humana, sino que se conoce por la voluntad de Dios: **"Dios ha querido dar a conocer"**. En otras palabras, se trata de una revelación, es decir, de una acción de Dios, quien ha determinado darse a conocer. Pero ese conocimiento no es dado igualmente a todos, sino solamente a los "santos" a quienes se refiere el versículo anterior.

... cuáles son las riquezas de la gloria de este misterio: Lo que Dios ha querido dar a conocer no es todo el misterio, sino más bien **"las riquezas de la gloria"** del mismo. Esta combinación de las "riquezas" con la "gloria", o la honra, es tema común en el Antiguo Testamento (por ejemplo, 1 R 3:18; 2 Cr 1:12; 18:1; 32:27;

Sal 8:5; Pr 3:16). También Pablo usa frases semejantes, por ejemplo, en Romanos 9:23 y Filipenses 4:19. Hasta aquí, todavía no se dice en qué consiste el misterio, pero lo veremos más adelante en el mismo versículo. Nótese que en este pasaje no se refiere a la gloria de Dios, sino más bien a la gloria del misterio y a las riquezas de esa gloria.

... entre las naciones: Antes de pasar a discutir qué es este misterio que Dios ha dado a conocer, la epístola nos habla de su extensión: **"entre las naciones"**. En su uso más común en el Nuevo Testamento, así como en la literatura de la época, la frase **"las naciones"** *(ta ethne)* no es sencillamente un modo de referirse a todos los países o todos los pueblos. Es más bien un modo de distinguir, frecuentemente en tono despectivo, a los extranjeros o a quienes no son parte de la nación de quien se habla. Es así que la emplean varios autores antiguos. Aristóteles, por ejemplo, se refiere a "las naciones" *(ta ethne)* como todos los que no son griegos. Ciertamente, así la empleaba la mayor parte de los judíos de la época. Para ellos, como también en el caso que estamos estudiando, la frase **"las naciones"** es una referencia más bien a los gentiles, es decir, a quienes no pertenecían al pueblo de Israel. Lo que se subraya aquí es que los propósitos de Dios no se limitan a Israel, quien por largo tiempo ha conocido a Dios y ha sido objeto de sus promesas, sino que es un misterio que Dios ha dado a conocer **"entre las naciones"** a los gentiles. Un pasaje paralelo en Efesios nos ayuda a entenderlo: "En otras generaciones no se dio a conocer este misterio... a saber, que en Cristo Jesús los gentiles (*ta ethne*) son coherederos, incorporados en el mismo cuerpo y partícipes de la promesa por medio del evangelio" (Ef 3:4-6).

... el cual es Cristo en ustedes, la esperanza de gloria: El misterio de las edades que Dios les ha dado a conocer a los santos no es otro que Cristo. No es, como para los gnósticos, alguna palabra secreta que ayude a las almas a salvar las dificultades con las que supuestamente tropezarían en su ascenso por las esferas celestiales. Tampoco es una doctrina esotérica ni un rito secreto de iniciación (aunque por algún tiempo los cristianos guardaban sus propias prácticas rituales como secretos que solamente los bautizados debían conocer). El misterio es más bien una persona: Cristo. Dado el sentido de esa palabra, que quiere decir "el Ungido" y que no es sino una traducción de la palabra hebrea "Mesías", lo que se está diciendo aquí es que se han cumplido las promesas hechas por Dios en las Escrituras hebreas y a través de toda la historia del pueblo de Israel. Pero esa promesa no se limita a los descendientes físicos de Israel, sino que ahora se extiende también a muchos como los colosenses, quienes anteriormente por no ser judíos, por ser parte de "las naciones" y por ser gentiles, estaban "apartados" y eran "enemigos". El gran misterio de Dios, que les ha sido revelado a los colosenses, así como a Pablo y sus compañeros, no es otro que Cristo. Posiblemente, esto se entienda más claramente en el pasaje paralelo en Efesios, donde se afirma que Dios "nos ha dado a conocer el misterio de su voluntad, según el beneplácito que se propuso en Cristo, a manera de plan para el cumplimiento de los tiempos: que en Cristo sean reunidas bajo una cabeza todas las cosas" (Ef 19-10).

La frase **"en ustedes"** da a entender que aquí se habla de una presencia de Cristo diferente a la que se alude al hablar de lo que Él ha hecho "en su cuerpo físico por medio de la muerte" (1:22). Se trata más bien de la presencia del Cristo resucitado entre los suyos. Utilizando otra imagen que ya hemos visto en esta misma epístola, se trata de la presencia de Cristo en su cuerpo, que es la iglesia. Nótese que no se dice "Cristo en cada uno de ustedes", sino "Cristo en ustedes". La iglesia es un cuerpo cuya cabeza es Cristo. Ciertamente, es importante que Cristo esté presente en cada uno de los miembros de la iglesia; pero esa presencia no es puramente individual o privada. No se trata únicamente de que Cristo esté en cada cual. Aquí, se trata particularmente del modo en que Cristo está en la comunidad de quienes le siguen, quienes están unidos a Él como los miembros se unen a un cuerpo. (Véase más sobre esto en el comentario a 2:19.)

Al igual que en Efesios, aquí el plan o administración de Dios, el misterio de los designios de Dios revelado en Cristo, se ha cumplido en cierto modo; pero todavía no ha llegado a su culminación. En el himno acerca de la preeminencia de Cristo que estudiamos antes se habla de Cristo, en quien habita toda la plenitud, y del plan de Dios de "por medio de él, reconciliar consigo mismo todas las cosas". Todo esto lo ha cumplido Cristo "en su cuerpo físico por medio de la muerte". Pero todavía no vemos todo eso hecho realidad. Más adelante, la epístola volverá a tratar sobre la expectativa escatológica; es decir, lo que se espera en el cumplimiento de los tiempos. Aquí solamente lo sugiere, diciendo que este Cristo que es el misterio revelado por Dios y que nos muestra "las riquezas de la gloria" y de ese misterio, es **"en ustedes, la esperanza de gloria"**. La obra de Cristo, que en cierto modo se ha cumplido en lo que ha hecho en su cuerpo físico, en otro sentido todavía no se ha cumplido cabalmente. Todavía es una **"esperanza"**. En ese sentido, es importante aclarar que cuando la epístola habla de esa esperanza no se refiere únicamente a una posibilidad, sino que se refiere más bien a la certeza de que, lo que se promete en Cristo, lo que ahora anuncian Pablo, Timoteo, Epafras y los demás, ha de cumplirse. Es esperanza no es el sentido de algo que nos gustaría que sucediera, sino más bien esperanza en el sentido de esperar lo prometido por aquel cuya promesa es siempre fiel.

28: A ÉL ANUNCIAMOS NOSOTROS, AMONESTANDO A TODO HOMBRE Y ENSEÑANDO A TODO HOMBRE: Como hemos visto, en los versículos que anteceden Pablo está hablando acerca de sí mismo, de su ministerio y del mensaje que él proclama. Pero ahora, en el v. 28, parece volver a incluir a otros, aparentemente al menos a Timoteo, y quizá también a Epafras, a quien ha llamado "nuestro consiervo amado" (1:7). Pablo ha estado hablando del mensaje que él proclama, y ahora, al usar el plural, da a entender que hay otras personas que anuncian el mismo mensaje. Mientras el uso del singular antes y después de estas palabras le da a la carta un tono más personal, el uso del plural señala que Pablo no está predicando algo solo por su propia cuenta, ni de invención suya, sino que está anunciando lo que otros también predican. Aquí, una vez más se emplean tres verbos que se complementan entre sí para dar un cuadro más completo de la tarea de Pablo y sus compañeros: anunciar, amonestar y enseñar. "Anunciar" (*katangellō*) es una proclama o anuncio público; "amonestar" (*noytheteō*) normalmente se refiere a una advertencia o exhortación; y "enseñar" (*didaskeō*) es palabra común en nuestra lengua. En realidad no son tres actividades diferentes, sino que tenemos aquí una vez más una construcción pleonástica en la que se usan tres palabras cuando bastaría con una sola; pero, al mismo tiempo, cada una de ellas amplía y refuerza el sentido de las otras.

... todo hombre: La palabra "hombre" (*anthrōpos*), que aparece tres veces en este versículo, no se refiere únicamente a los varones, sino a cualquier ser humano. Si se estuviera refiriendo exclusivamente a los varones, se usaría el término *anēr*.

... con toda sabiduría: Esto podría dar a entender que Pablo está reclamando para sí **"toda sabiduría"**. La RVR evita esa posible confusión traduciendo el griego literalmente: "en toda sabiduría". No es que Pablo sea tan sabio que pueda enseñar con toda sabiduría, sino más bien que Pablo enseña sabiamente porque lo que enseña es la sabiduría de Dios en la cual él, como creyente en Jesucristo, está. Acerca de esto, véase lo dicho sobre el v. 9.

... a fin de que presentemos a todo hombre perfecto en Cristo Jesús: Se repite aquí lo que se dice en el v. 22 acerca del deseo de que la vida de los colosenses sea tal, que sea posible "presentarlos santos, sin mancha e irreprensibles" delante de Dios.

29: POR ESTO MISMO YO TRABAJO, ESFORZÁNDOME SEGÚN SU POTENCIA QUE OBRA PODEROSAMENTE EN MÍ: Se introduce otra vez la primera persona del singular, que se presentará como quien habla principalmente en el resto de la epístola. Buena parte de lo que sigue es una serie de amonestaciones, consejos y directrices que, debido al uso aquí de la primera persona del singular ("yo"), parecen más directos. Nótese también el pleonasmo o repetición que fortalece lo que se dice: **"trabajo"** y **"esforzadamente"**; **"potencia"** y **"poderosamente"**.

2:1: QUIERO, PUES, QUE SEPAN CUÁN GRANDE CONFLICTO TENGO: La palabra que aquí se traduce como "conflicto" (*agōn*) tiene la misma raíz que nuestro término "agonía". Su sentido originario era el de una lucha intensa, como una competencia atlética. Por eso, al mismo tiempo que en el siglo I se empleaba para referirse a luchas tales como las de los gladiadores, tenía también la connotación de una fuerte preocupación: una preocupación sobrecogedora, como la de un gladiador que lucha por su vida en la arena. Aunque en otro lugar de la epístola se habla acerca de los sufrimientos de Pablo, aquí parece querer decir más bien que Pablo agoniza o se preocupa profundamente por los cristianos a quienes se dirige.

por ustedes, por los de Laodicea y por todos los que nunca me han visto personalmente: Como se ha dicho anteriormente, en la Introducción y en el análisis de 1:4-9, Pablo no conocía a los creyentes de Colosas, y tampoco a los de Laodicea. Entonces, su profunda preocupación por quienes leerán su carta no se debe a que sean sus hijos espirituales, pues ni siquiera son conocidos suyos, sino más bien a la fe que comparten con él. El hecho de que esa preocupación no depende de conocerles, se fortalece cuando Pablo une a los de Colosas y Laodicea con **"todos los que nunca me han visto personalmente"**. Acerca de la ciudad de Laodicea, véase la Introducción.

2: PARA QUE UNIDOS EN AMOR, SUS CORAZONES SEAN REANIMADOS: La RVA, al igual que muchas otras traducciones, invierte el orden del texto griego, que literalmente dice "para que sus corazones sean reanimados unidos en amor". La unidad en el amor es un tema que aparece en varias de las epístolas paulinas. Frecuentemente, como en el caso de Corinto, las amonestaciones al amor mutuo parecen ser respuesta a divisiones o desacuerdos entre los creyentes. Posiblemente, aquí en Colosenses, la insistencia en el amor (que veremos más adelante) sea respuesta a las falsas doctrinas que aparentemente circulaban entre los creyentes en la región, y que les dividirían. Las palabras **"para que"** traduce la palabra griega *ina*, que tiene sentido de propósito o meta. Pablo se preocupa y agoniza por los creyentes de Colosas y de Laodicea, así como por todos los demás creyentes, porque desea ardientemente que estén **"unidos en amor"**. El resultado de tal unidad en amor será que **"sus corazones sean reanimados"**. El verbo que aquí se emplea (*parakaleō*) tiene también el sentido de "llamar"; pero aquí significa exhortar o animar, como bien lo traduce la RVA en lugar del "sean consolados" de la RVR.

Hasta lograr toda la riqueza de la plena certidumbre de entendimiento, para conocer: Más adelante, en el próximo versículo se subrayará el tema de la riqueza: "los tesoros de la sabiduría". Una vez más, como en el resto de la epístola, sobresale la palabra "toda". Aparentemente, lo que le preocupa al autor es que hay quienes hacen de Cristo y del evangelio parte de un mensaje que pretende ser más amplio o de mayor alcance. Lo que se traduce como "plena certidumbre" es *plēroforia*, donde encontramos la misma raíz que en *plērōma*, o "plenitud". Por tanto, el uso de esta palabra bien puede ser una referencia velada a la pretensión por parte de algunos de tener un conocimiento más pleno, de conocer la plenitud de los "eones" o seres espirituales que componen el *plērōma*. Aquí volvemos a encontrar un pleonasmo, pues se habla primero del **"entendimiento"** e inmediatamente del **"conocer"**, que vienen a ser lo mismo. Una vez más, esto se hace para subrayar el tema.

El misterio de Dios, es decir, Cristo mismo: Aquí se reafirma lo que se dijo ya en 1:27. La frase "es decir" se ha introducido en la traducción para hacerla más clara. En el texto griego, inmediatamente después de referirse a Dios y sin más conjunción o explicación, se añade el nombre de Cristo. Una traducción más literal sería "el misterio de Dios de Cristo". Esa construcción le pareció suficientemente confusa a algún copista, que introdujo las palabras que aparecen en algunos manuscritos, de modo que el texto dice "de Dios Padre y de Cristo".

3: EN ÉL ESTÁN ESCONDIDOS TODOS LOS TESOROS DE LA SABIDURÍA Y DEL CONOCIMIENTO: Parafraseando un poco a la epístola misma, bien podemos decir que en este versículo están escondidos casi todos los tesoros de Colosenses, pues estas palabras resumen la tesis principal de toda la epístola: la centralidad y suficiencia de Cristo. La imagen referente a tesoros escondidos es común en buena parte de la literatura de todas las épocas. En este caso, refiriéndose a **"todos los tesoros"** escondidos, la epístola está rechazando la opinión de quienes pretenden añadirles a Cristo y a su mensaje supuestas enseñanzas, muchas de ellas secretas, que lo completan. La palabra **"todos"** lo deja bien claro: no hay otros tesoros escondidos que se puedan encontrar más allá de Cristo mismo. Bien puede haber otros tesoros; pero los **"de la sabiduría y del conocimiento"** están todos en Cristo.

Este es un tema que aparece de diversas maneras en varios autores del Nuevo Testamento y en la antigua predicación cristiana. La "sabiduría" y el "conocimiento" (*sofia* y *gnōsis*), palabras que ya hemos encontrado antes, nos presentan una vez más la práctica de reforzar lo que se dice mediante un pleonasmo. No es que haya dos realidades, una de ellas la sabiduría y otra el conocimiento, sino que hay una sola realidad que se expresa con dos palabras que presentan ángulos diferentes, y para sellar el argumento, que los tesoros de ambas están escondidos en Cristo. De esta manera, se indica que quien conoce a Cristo no va a encontrar mayores o mejores tesoros de sabiduría que los que se encuentran en Él. Esto rechaza tajantemente lo que más adelante harían los gnósticos, y aparentemente estaban haciendo ya algunos en la región de Frigia, donde estaban las ciudades de Colosas y Laodicea. Lo que tales personas hacían era añadirle el nombre de Cristo a la lista de principios espirituales (o eones) que en conjunto forman la "plenitud". Al menos en el siglo II, algunos maestros gnósticos mezclaban palabras e ideas cristianas con sus propios sistemas. Así, hablaban de eones tales como Cristo, Cruz, Resurrección. En resumen, pretendían que había **"tesoros escondidos"** más allá de Cristo mismo.

Esta afirmación de que todos los tesoros del conocimiento de la sabiduría estén en Cristo bien puede llevar a malas interpretaciones. Sobre la base de tal aseveración, alguien puede decir que, porque conoce a Cristo, no tiene que saber nada más. Tal es la actitud de muchos de quienes hoy rechazan los conocimientos científicos. En los días en que escribo estas líneas, una terrible pandemia amenaza a toda la humanidad. Donde vivo, algunos cristianos se niegan a escuchar lo que la ciencia les dice, y a seguir sus consejos, porque supuestamente no necesitan más conocimientos que los que ya tienen por el solo hecho de ser cristianos. Tal perspectiva contraria a los conocimientos supuestamente "seculares" se ha manifestado entre algunos cristianos a lo largo de las edades.

Pero la mayoría de los creyentes nunca se ha dejado llevar por tales teorías. Ciertamente, no es así como debe entenderse el pasaje que estudiamos, pues si es verdad que todo cuanto hay ha sido hecho por Cristo y en **Él**, el conocimiento de lo que **Él** ha hecho no puede ser intrínsecamente malo. Decir que en Cristo **"están escondidos todos los tesoros de la sabiduría y del conocimiento"** no es lo mismo que decir que quien conoce a Cristo ya lo sabe todo y no tiene por qué aprender o averiguar más. Notemos que esos tesoros todavía **"están escondidos"**. Es necesario descubrirlos, no fuera de **Él** sino en **Él** mismo.

En cuanto a cómo hacer esto, los antiguos cristianos nos señalan una pauta. Según ellos, no se trata de que con lo que ya sabemos de Cristo basta, sino más bien de que todo lo que logremos saber, cualquier conocimiento escondido que podamos descubrir, está ya en Cristo y es obra de Cristo; por tanto, bien entendido, manifiesta a Cristo. Esto era importante para los antiguos cristianos, a quienes se acusaba de ignorantes en medio de una cultura que se enorgullecía de sus conocimientos y descubrimientos. Unos pocos siguieron el camino ya mencionado de declarar que basta con Cristo, y que puesto que no hay conocimiento fuera de **Él**, todo conocimiento más allá de la fe cristiana es nulo y hasta peligroso. Pero la mayoría tomó otro camino. Para hacerlo, se basaban no solamente en este y otros pasajes semejantes en las epístolas paulinas, sino también y, sobre todo, en los primeros versículos del Evangelio de Juan: "En el principio era la Palabra (el Verbo; en griego, *logos)*… Todas las cosas fueron hechas por medio de ella, y sin ella no fue hecho nada de lo que ha sido hecho… Aquel era la luz verdadera que alumbra a todo hombre que viene al mundo… Y la palabra se hizo carne y habitó entre nosotros" (Jn 1:1, 3, 9, 14). Sobre la base de este pasaje, los cristianos señalaban que la Palabra, Verbo o Logos de Dios que se encarnó en Jesucristo es el mismo Logos que es la luz verdadera que alumbra a toda la humanidad ("a todo hombre que viene al mundo"). Si tal es el caso, esto quiere decir que no hay "luz" ni conocimiento verdadero alguno que no venga del mismo Verbo o Logos que se encarnó en Jesucristo. Según afirmaban aquellos antiguos cristianos, todo lo que hay de bueno en la filosofía griega, y en los demás conocimientos de la época, aunque hubiera sido descubierto y enseñado por algún pagano, era en realidad manifestación de los tesoros de la sabiduría y el conocimiento escondidos en Cristo.

Si Cristo es "el todo y en todos"; si en **Él** están "escondidos todos los tesoros de la sabiduría", es necesario decir que quien sabe algo, aunque no conozca el nombre de Cristo ni crea en **Él**, lo sabe por obra de Cristo. Ciertamente, es importante tener en cuenta tal visión en estos tiempos en los que se debate tanto en cuanto a la relación entre la fe y la ciencia, como si ambas fueran contrarias, mientras la fe debería convencernos de que todo cuanto la ciencia pueda descubrir que sea verdad es un descubrimiento de tesoros escondidos en este mismo Verbo de Dios a quien conocemos en Jesucristo. Si es cierto que **"en él están escondidos todos los tesoros de la sabiduría y el conocimiento"**, toda verdadera sabiduría y todo verdadero conocimiento han de decirnos algo acerca de **Él**.

4: DIGO ESTO PARA QUE NADIE LOS ENGAÑE CON FALSOS ARGUMENTOS PERSUASIVOS: Al advertir a los colosenses de la necesidad de que "nadie los engañe", se está implicando que hay alguien que les engaña o busca engañarles. Como hemos visto en la Introducción, los eruditos debaten acerca del carácter exacto de la doctrina falsa que la epístola intenta refutar. El verbo que aquí se traduce como "engañar" (*paralogizomai*) aparece solamente en otro lugar en todo el Nuevo Testamento: Santiago 1:22: "engañándose a ustedes mismos". Es una palabra fuerte, que implica fraude y mentira. La traducción, al decir "falsos argumentos persuasivos", combina la idea de engaño del verbo anterior con el arte de la persuasión (*pithanologia*). Las dos palabras juntas afirman, por una parte, la habilidad de quienes presentan tales argumentos; y por otra, su falsedad.

5: PUES, AUNQUE ESTOY AUSENTE EN EL CUERPO, NO OBSTANTE, EN ESPÍRITU ESTOY CON USTEDES: Pablo no solamente está ausente, sino que nunca ha estado físicamente presente entre los colosenses. Sabe de ellos principalmente a través de Epafras. Lo que aquí se traduce como **"ausente en el cuerpo"**, literalmente en griego dice "ausente en la carne". Es la misma frase que en 1:22 se traduce como "cuerpo físico". Aquí, en 2:5, se establece un contraste entre estar presente en la carne y estarlo **"en espíritu"**. Como sabemos, Pablo no solamente está físicamente ausente entre los colosenses, sino que además tampoco ha estado entre ellos. Los conoce solamente de oídas. Pero, a pesar de eso, les dice que está con ellos **"en espíritu"**. Es una palabra de aliento y de advertencia a la misma vez. Pablo les apoya con su presencia en espíritu; pero esa misma presencia también es un recordatorio de que deben seguir lo que Pablo aquí les recomienda, evitando los "falsos argumentos persuasivos" que introducen falsa doctrina en la comunidad de fe.

... gozándome y mirando su buen orden y la firmeza de su fe en Cristo: El tono de esas palabras es de regocijo y de aliento, pero también de advertencia. Sin decir una palabra negativa, Pablo les advierte que su regocijo está en que puede ver tanto el **"buen orden"** como **"la firmeza"** de la fe de los colosenses en Cristo. Lo primero parece referirse más bien a la manera en que los colosenses se comportan entre sí y cómo ordenan sus vidas, a lo que la epístola volverá más adelante. Lo segundo, la **"firmeza"** en la fe, parece referirse más bien a evitar los errores doctrinales y seguir lo que la epístola ha propuesto desde el principio: la preeminencia y centralidad de Jesucristo, que requiere que se rechace todo lo que sean falsos argumentos que pretendan encontrar sabiduría y conocimiento que no vengan de Él o que pretendan sobrepasarle. La próxima sección de la epístola tratará sobre este último punto, para después pasar al estilo de vida que la fe cristiana requiere, y lo hará de manera más concreta.

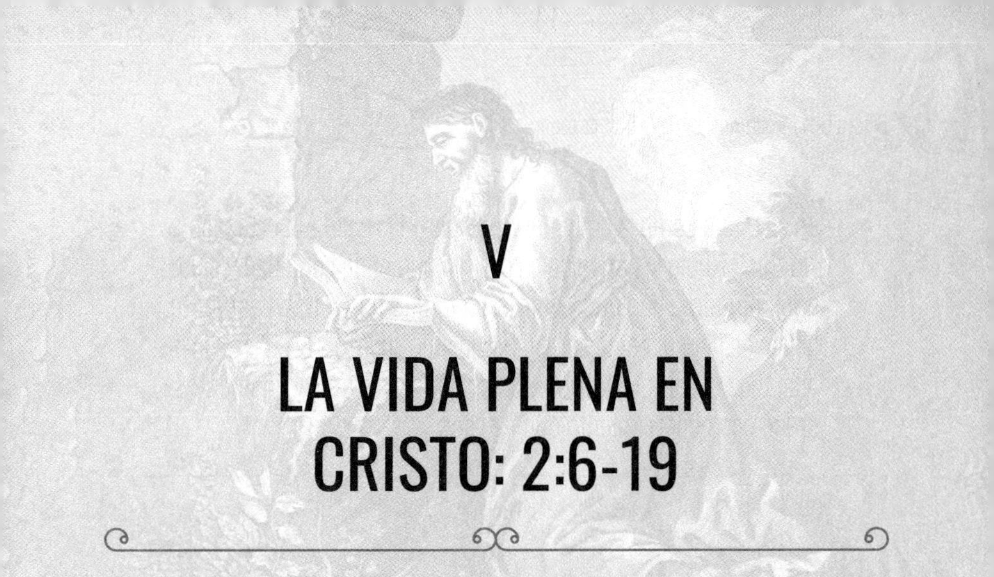

V

LA VIDA PLENA EN CRISTO: 2:6-19

6 Por tanto, de la manera que han recibido a Cristo Jesús el Señor, así anden
en él, 7 firmemente arraigados y sobreedificados en él, y confirmados por
la fe así como han sido enseñados, abundando en acciones de gracias.
8 Miren que nadie los lleve cautivos por medio de filosofías y vanas
sutilezas, conforme a la tradición de hombres, conforme a los principios
elementales del mundo y no conforme a Cristo. 9 Porque en él habita
corporalmente toda la plenitud de la Deidad; 10 y ustedes están
completos en él, quien es la cabeza de todo principado y autoridad.
11 En él también ustedes fueron circuncidados con una circuncisión
no hecha con manos, al despojarlos del cuerpo pecaminoso carnal
mediante la circuncisión que viene de Cristo. 12 Fueron sepultados
juntamente con él en el bautismo, en el cual también fueron resucitados
juntamente con él por medio de la fe en el poder de Dios que lo
levantó de entre los muertos. 13 Mientras ustedes estaban muertos
en los delitos y en la incircuncisión de su carne, Dios les dio vida
juntamente con él, perdonándonos todos los delitos. 14 Él anuló
el acta que había contra nosotros, que por sus decretos nos era
contraria, y la ha quitado de en medio al clavarla en su cruz. 15 También
despojó a los principados y las autoridades, y los exhibió como
espectáculo público habiendo triunfado sobre ellos en la cruz.
16 Por tanto, nadie los juzgue en asuntos de comida o de bebida,
o respecto a días de fiesta, lunas nuevas o sábados. 17 Todo ello

> es solo una sombra de lo porvenir, pero la realidad pertenece a Cristo. 18 Nadie los prive de su premio fingiendo humildad y culto a los ángeles, haciendo alarde de lo que ha visto, vanamente hinchado por su mente carnal, 19 y no aferrándose a la cabeza de la cual todo el cuerpo, nutrido y unido por coyunturas y ligamentos, crece con el crecimiento que da Dios.

La mayor parte de lo que resta de la epístola explica lo que es la vida en Cristo; pero primero se trata acerca de esta vida en términos de creencias y prácticas religiosas (2:6-19), mientras que después se pasará a aspectos más detallados de la vida individual y colectiva que Cristo requiere (2:20 – 4:1). Todo esto se ha anunciado anteriormente en 1:10, donde se dice que quienes escriben la carta están orando por los creyentes en Colosas "para que anden como es digno del Señor a fin de agradarle en todo; de manera que produzcan frutos en toda buena obra y que crezcan en el conocimiento de Dios". Nótese que aquí también se habla, por una parte, de una vida de buenas obras y, por otra, del verdadero conocimiento del que tratará buena parte de la epístola.

6: POR TANTO, DE LA MANERA QUE HAN RECIBIDO A CRISTO JESÚS EL SEÑOR, ASÍ ANDEN EN ÉL: El **"por tanto"** (*ōs oun*) da a entender que lo que sigue es consecuencia de lo que antecede. Lo que se va a decir ahora acerca de la vida plena en Cristo, y después de cómo la novedad de vida se ha de manifestar, se fundamenta en todo lo que la epístola ha dicho hasta este punto; principalmente, se basa en la preeminencia y plenitud de Cristo. La frase **"de la manera que"** no indica que deban caminar del mismo modo en que han recibido a Cristo, sino más bien que una cosa (recibir a Cristo) lleva a la otra (andar en Él), y determina lo que la segunda ha de ser. **"Cristo Jesús el Señor"** que los creyentes **"han recibido"** es el "misterio" donde "están escondidos todos los tesoros de la sabiduría y el conocimiento". Por haber **"recibido a Cristo Jesús el Señor"**, los creyentes han de andar de cierto modo que el resto de la epístola esbozará. El "andar" es una manera de expresar la vida y el camino que se sigue en ella. No olvidemos que uno de los primeros títulos que los cristianos tuvieron fue el de "los del Camino". En todo caso, ese "andar" no tiene que ver únicamente con lo que llamaríamos la vida moral, sino también y ante todo con la relación con este Cristo/misterio en cuya preeminencia y plenitud se fundamenta toda la epístola. Por eso, inmediatamente después de hablar de un "andar en él", y de explicar algo más al respecto en el próximo versículo (el 17), la epístola entrará de lleno en los errores que quiere combatir.

7: FIRMEMENTE ARRAIGADOS Y SOBREEDIFICADOS EN ÉL: Al igual que la palabra castellana **"arraigados"** etimológicamente quiere decir "enraizados", así también la palabra que aquí se usa en griego se deriva de un verbo que quiere decir "echar raíces". La palabra que se traduce por **"sobreedificados"** quiere decir eso mismo, y comúnmente se refiere a construir una casa o edificio sobre un cimiento. Luego aquí se combinan dos metáforas que tienen el mismo sentido, aunque una se deriva más bien de la agricultura y la otra de la construcción.

... y confirmados por la fe: Las dos metáforas, una referente a las plantas y la otra a los edificios, se reafirman ahora con una palabra más literal: **"confirmados"**. Una hipótesis se confirma cuando se prueba que es verdadera. Una promesa se confirma cuando se cumple. En este caso, la fe es la prueba de Cristo, el misterio de Dios, y es también el cumplimiento de las promesas hechas anteriormente por Dios a Abraham y su descendencia.

... así como han sido enseñados, abundando en acciones de gracias: Estas palabras se explican por sí solas. La epístola exhorta a los colosenses a continuar en la doctrina que han recibido, y a dar gracias tanto por esa doctrina como por toda la iglesia, y sobre todo por Cristo, quien es la plenitud del misterio de Dios. En el capítulo anterior, quienes escriben la carta han dado su ejemplo de esto al decirles a los destinatarios que están "orando siempre por ustedes".

8: MIREN QUE NADIE LOS LLEVE CAUTIVOS POR MEDIO DE FILOSOFÍAS Y VANAS SUTILEZAS: Aquí, la epístola empieza a referirse más directamente a los errores que aparentemente circulan en Colosas, acerca de los cuales

Epafras parece haberles informado a Pablo, Timoteo y los demás. Tales errores no son sencillamente una equivocación o un juicio desacertado, sino que su seriedad es tal, que quienes los siguen son llevados **"cautivos"**. Hoy frecuentemente pensamos que el error es cuestión de mera diferencia de opiniones, y que rara vez tiene consecuencias. Pero la epístola les advierte a los creyentes que el error es un cautiverio. Más adelante hablaremos acerca de "los principados y las autoridades" que fueron derrotados por Cristo. Tales principados y autoridades se mantienen en el poder mediante el error, que utilizan para esclavizar a quienes se dejan engañar.

Todavía no se dice aquí en qué consisten esos errores, sino que se empieza por referirse a su falsedad, para después hablar de su contenido. En cierto modo, se repite la exhortación que se hizo en 2:4: "que nadie los engañe con falsos argumentos persuasivos". Aquí, esos argumentos se llaman **"filosofías y vanas sutilezas"**. En el resto de la epístola veremos algo acerca de lo que serían esas falsas filosofías y sutilezas inútiles. Probablemente no se trataba de las filosofías clásicas de la antigua Grecia que hoy se estudian en cursos de historia de la filosofía, sino más bien de doctrinas seudofilosóficas que en realidad no eran sino especulaciones sin mucho fundamento. Por lo que sabemos de las doctrinas que aparecieron poco después, y que los cristianos en general rechazaron, es factible pensar que se trataba de personas que unían alguna palabra de las Escrituras hebreas con otra, mezclaban todo eso con las tendencias dualistas que pululaban entonces, a veces le añadían a todo esto una dosis de numerología, y así creaban sistemas mediante los cuales pretendían ofrecer no solamente un camino de salvación, sino también una visión y comprensión del mundo en su totalidad. Más adelante, según vayamos estudiando la epístola, podremos decir, o al menos sugerir, algo de su contenido.

... conforme a la tradición de hombres, conforme a los principios elementales del mundo y no conforme a Cristo: Como hemos dicho antes, la palabra que aquí se traduce como **"hombres"** no quiere decir que todos los que proponen esa falsa tradición sean varones. Por tanto, bien podría traducirse lo que allí se dice no como **"tradición de hombres"** sino más bien como "tradición humana". Lo más probable es que esto se refiera a la práctica de algunos de tratar de corregir la enseñanza de la iglesia citando a algún autor, real o supuesto, de la antigüedad. Hay muchos ejemplos de esto, pero para dar una idea general de tales "tradiciones humanas", basta citar las palabras de Ireneo, uno de los principales teólogos del siglo II:

> En su clara intención de relacionar todo el universo con los números, toman esa idea de los pitagóricos, quienes fueron los primeros en proponer la idea de que los números son el principio de todas las cosas y decían que ese principio inicial era a la vez igual y desigual… Y, según ellos, parte de esos primeros principios son el fundamento de la materia, y otros son el fundamento de la forma. Declaran que todas las cosas han sido hechas siguiendo esos primeros principios, así como una estatua tiene su materia en el metal, pero tiene también su forma especial. Ahora, estos herejes han tomado eso y lo usan para explicar lo que se encuentra fuera de la plenitud (*plērōma*). (*Contra las herejías*, 2.14.6)

La misma cita nos ayuda a ver algo de lo que quieren decir en Colosenses las palabras **"conforme a los principios elementales del mundo"**. Lo que aquí la RVA traduce por **"principios elementales"** (*stoijeia*) puede tener diversos sentidos, y los eruditos discuten en cuál de ellos se emplearía entre los colosenses a quienes la epístola se dirige. En su uso más común, esa palabra se refiere a los elementos de que está hecho el mundo, que en aquel tiempo se pensaba que eran la tierra, el aire, el fuego y el agua. También se usaba en el sentido en que hoy decimos, por ejemplo, "principios de sociología", con lo cual queremos decir sencillamente los rudimentos de la sociología. En ese sentido aparece en Hebreos 5:12: "que alguien les instruya desde los *primeros rudimentos* de las palabras de Dios" (énfasis del autor). Pero, además, se hablaba de los dioses, y particularmente de los poderes que se suponía que regían los astros, como "principios" o *stoijeia*. En ocasiones todo esto se confundía, con la consecuencia de que hoy día los eruditos todavía discuten a qué se refiere Colosenses al hablar de tales **"principios elementales"**.

Es probable, o al menos posible, que aquí esa palabra se refiera a alguna (o algunas) de las muchas "filosofías" que circulaban entonces, y que eran intentos de explicar la existencia del mundo, así como de toda otra realidad, sobre la base de ciertos **"principios elementales"**, frecuentemente llamados también "eones". El mismo Ireneo que acabamos de citar dedica los primeros nueve capítulos de su obra *Contra las herejías* a exponer lo que enseñaban los discípulos de Valentín acerca de los eones y el origen del mundo. Lo que nos presenta es una compleja historia en la que el "Abismo", el primero de los eones, existía desde el principio. En él habitaba "Silencio", y de él surgen también "Mente" y "Verdad". Entonces, dos de esos primeros cuatro (Mente y Verdad) se unieron para engendrar a los eones "Verbo" y "Vida". Y así continúa el proceso, hasta que por fin "Sabiduría", en una pasión injustificada, produce el mundo material. En respuesta a esto, Abismo produce a "Cruz" para que sirva de límite entre la plenitud espiritual y el mundo físico, donde están atrapadas las almas humanas. Para rescatar esas almas, Abismo produce a Cristo y a Espíritu Santo. Como se ve, todo esto no son sino especulaciones disfrazadas de cristianismo, y por eso los primeros cristianos, siguiendo el ejemplo de Colosenses, lo rechazaron y declararon que no era **"conforme a Cristo"**.

9: PORQUE EN ÉL HABITA CORPORALMENTE TODA LA PLENITUD DE LA DEIDAD: La palabra "porque" (*hoti*) indica que lo que sigue es la razón, o más bien las razones, por las que los colosenses han de rechazar tales "filosofías y vanas sutilezas". Las razones que se dan se basan en afirmaciones acerca de la persona de Cristo. Esto se manifiesta por la repetición de la frase **"en él"** en los versículos que siguen: 10, 11, así como de la frase "con él" en los versículos 12 (dos veces) y 13. Estas dos frases se usan en contextos en los que se quiere decir algo acerca de Cristo mismo, así como en otros que tratan acerca de la relación entre Cristo y los creyentes. El versículo que ahora nos ocupa reitera no solamente la preeminencia, sino también el carácter único de Cristo. El hecho de que en Cristo esté toda la **"plenitud (*plērōma*) de la Deidad"** rechaza toda posibilidad de que haya algo más completo que Él, o algo verdaderamente valioso que añadirle. Lo demás es lo que el v. 8 llama "filosofías y vanas sutilezas". Son puras especulaciones y construcciones humanas, que pueden parecer razonables o interesantes, pero que en realidad no son más que "falsos argumentos persuasivos" (2:4). Además, como en otros lugares de la epístola, lo que se dice se refuerza mediante la repetición. Tal es el caso de la frase **"toda la plenitud"**, donde vemos una vez más el énfasis en el "todo" que aparece a lo largo de la epístola. Quien **"habita"** en Cristo no es una parte de Dios, sino que es Dios mismo. Además, posiblemente para rechazar a quienes pretendían que Cristo no pudo haber tenido un cuerpo físico sino que era una especie de fantasma o puro espíritu, se recalca el hecho de que Dios está en Cristo, no solo plenamente, sino también **"corporalmente"**.

No todos los intérpretes concuerdan en este punto. Algunos sugieren que la afirmación de que la plenitud habita en Cristo "corporalmente" no es tanto una afirmación de su encarnación, de la realidad de su cuerpo físico, sino que es más bien una afirmación más del alcance cósmico de la realidad de Cristo. Tal señalamiento no excluye lo anterior, sino que le da a una dimensión quizá más amplia.

10: Y USTEDES ESTÁN COMPLETOS EN ÉL: Puesto que en Cristo habita la plenitud de Dios, quienes habitan en Él están también completos. La palabra que el griego emplea aquí viene de la misma raíz que "pleroma" y, por tanto, se está diciendo que los creyentes no necesitan más que a Cristo mismo. Ya están completos. Ya han alcanzado la plenitud, que es Cristo. Cualquier otra enseñanza que pretenda hacer a la persona más completa añadiéndole algo a Cristo mismo es falsa, pues a fin de cuentas rechaza la plenitud de Cristo.

... quien es la cabeza de todo principado y potestad: Véase lo que se dijo al respecto en 1:16. Ahora, tras haber leído acerca de los "principios" o "elementos" espirituales de los que hablaban los falsos filósofos, conviene señalar que lo que aquí se traduce como "principado" también podría traducirse como "principio". También conviene recordar que en 1:8 se habló de Cristo como "la cabeza del cuerpo que es la iglesia". Aquí se añade a este carácter de Cristo como "cabeza" una nueva dimensión: puesto que en Él habita "toda la plenitud" (2:9), Él es la cabeza no solo de la iglesia, sino también de todo cuanto existe, incluso **"todo principado y autoridad"**. Esta última frase puede entenderse tanto en el sentido de los principados y autoridades que existen en el ámbito social (los reyes y otros gobernantes) como en el sentido de seres espirituales y malignos, como en Efesios 6:16: "nuestra lucha no es contra sangre ni carne, sino contra principados, contra autoridades, contra los gobernantes de esas tinieblas, contra espíritus de maldad de los lugares celestiales". En cualquiera de los dos casos, resulta claro que todos los principados y cualquier otra autoridad, sean buenos o malos, tienen a Cristo por cabeza. Nada hay que quede excluido del poder de Cristo, en quien habita corporalmente toda la plenitud de la Deidad. Naturalmente, esto no quiere decir que no haya nada que sea malo, o que la maldad sea producto de la imaginación humana. El tema de la desobediencia aparece repetidamente en el Nuevo Testamento, así como en la carta que estamos estudiando, donde pronto pasaremos a instrucciones acerca de la buena conducta y de las asechanzas del mal.

11: EN ÉL TAMBIÉN USTEDES FUERON CIRCUNCIDADOS: Aquí, la epístola empieza a enfocar su oposición a las falsas doctrinas en otra dirección. En lo que antecede se hablaba de "filosofías y vanas sutilezas", dando la impresión de que se trataba de influencias de la cultura pagana circundante. Pero ahora los argumentos parecen dirigirse más bien hacia la cuestión del modo en que los creyentes en Cristo han de relacionarse con el judaísmo y sus prácticas. Ese tema aparece repetidamente en el resto de la carta, pero particularmente en la sección que se abre con este v. 11. A diferencia de otras epístolas, como Romanos y Gálatas, el tema de la circuncisión no parece encontrarse en el centro mismo de la preocupación del autor. El que aquí se introduzca, y que después se hable de otros elementos de la tradición judía, ha llevado a muchos intérpretes a proponer la teoría de que los errores que había en Colosas, y que la epístola busca contrarrestar, no eran una forma temprana de gnosticismo, sino más bien tendencias judaizantes. Como hemos visto en la Introducción, lo más probable es que haya sido una mezcla de ambas cosas, y posiblemente otras más.

con una circuncisión no hecha con manos, al despojarlos del cuerpo pecaminoso carnal mediante la circuncisión que viene de Cristo: Es importante señalar que aquí no se condenan ni rechazan las prácticas judías en torno a la circuncisión. Lo que la epístola va a decir acerca de las tendencias que podríamos llamar "judaizantes" no es que el judaísmo mismo deba rechazarse, sino más bien que los gentiles, probablemente entonces todavía mayormente procedentes de entre los "temerosos de Dios" y por tanto conocedores y en cierta medida seguidores de la fe de Israel, no debían pensar que siguiendo prácticas judías le estaban añadiendo algo a lo que ya habían recibido en Cristo. Este es un problema que Pablo discute mucho más detalladamente en la Epístola a los Gálatas. En esa otra carta, el ataque a tales tendencias judaizantes es mucho más fuerte y directo que en Colosenses. Allí, Pablo dice, por ejemplo: "Ustedes, que pretenden ser justificados en la ley, ¡han quedado desligados de Cristo y de la gracia han caído!" (Gá 5:4).

En contraste con la circuncisión física, **"hecha con manos"**, hay una nueva **"circuncisión que viene de Cristo"**. Y, así como en la circuncisión carnal se señala el ser hecho hijo del pacto, así también en esta nueva circuncisión en Cristo los creyentes han sido despojados o librados **"del cuerpo pecaminoso carnal"**.

12: FUERON SEPULTADOS JUNTAMENTE CON ÉL EN EL BAUTISMO: Es importante notar que lo que aquí se dice acerca del bautismo parece ser una explicación de "la circuncisión que viene de Cristo" en el versículo anterior. Así como la circuncisión era la señal del pacto mediante el cual se declaraba que el circuncidado era parte del pueblo de Israel y heredero de las promesas, así también ahora el bautismo venía a ser la señal de que se era parte del cuerpo de Cristo y, por tanto, de sus promesas. Este es el único pasaje en todo el Nuevo Testamento en el que se relaciona el bautismo con la circuncisión de manera directa. En lo esencial, lo que aquí se dice parece claro: al igual que la circuncisión era señal y medio de entrada al pueblo de Israel, así también el bautismo es señal y medio de entrada al cuerpo de Dios que es la iglesia. Pero, más allá de ese punto, este versículo ha sido muy discutido a lo largo de la historia porque se ha empleado repetidamente para justificar el bautismo de infantes. El argumento que se propone en tales casos es como sigue: según la ley de Israel, la circuncisión ha de practicarse en los hijos de Israel a los ocho días de nacidos, sin esperar a que puedan reconocer y aceptar al Dios de Israel. Si, como parece decir este pasaje, el bautismo ha venido a tomar el lugar de la vieja circuncisión, no es necesario esperar a que la persona pueda reconocer y aceptar el evangelio para hacerle partícipe de esta "circuncisión que viene de Cristo".

La imagen de ser "sepultados juntamente con él en el bautismo" da a entender que en los primeros tiempos el bautismo era por inmersión, como lo era también en prácticas judías semejantes. Es algo más tarde, no antes de fines del siglo I, cuando encontramos la primera referencia al bautismo por infusión, en la *Didajé* o *Doctrina de los doce apóstoles*:

- Acerca del bautismo, bautiza de esta manera:
- Dichas con anterioridad todas estas cosas, bautizad en el nombre del Padre y del Hijo y del Espíritu Santo en agua viva (es decir, agua que fluye).
- Si no tienes agua viva, bautiza con otra agua; si no puedes hacerlo con agua fría, hazlo con caliente.
- Si no tuvieres ni una ni otra, derrama agua en la cabeza tres veces en el nombre del Padre y del Hijo y del Espíritu Santo. (*Didajé*, 7.1-3; BAC 65:84)

En todo caso, desde el principio hay varias diferencias notables entre las prácticas judías en torno a los lavacros litúrgicos y el bautismo cristiano. Una de ellas es que, a diferencia de los bautismos judíos, donde la persona entraba al agua y se bautizaba ella misma, el bautismo cristiano siempre parece haber requerido un creyente que lo administre, en lo cual se asemeja más al bautismo de Juan que a las prácticas más tradicionales dentro del judaísmo. Otra diferencia importante es que los bautismos judíos podían repetirse según las circunstancias, mientras el cristiano siempre fue irrepetible. Sí hay que señalar, sin embargo, que ni los lavacros judíos ni el bautismo cristiano tenían lugar en público, en medio de la congregación. Al contrario, por largo tiempo los bautismos cristianos continuaron teniendo lugar con la persona desnuda, y por tanto aparte de la congregación, a la que después se le presentaba como miembro de ella.

... en el cual también fueron resucitados juntamente con él: Más adelante veremos que no solamente el bautismo, sino también la salvación misma y la vida cristiana, no se limitan a lo que Cristo hizo en la cruz, sino también incluyen lo que ha hecho mediante su resurrección. El bautismo no es solamente un morir en Cristo, sino también un volver a levantarse con Él a nueva vida. Esto es paralelo a lo que vemos en 1 Corintios 15 y Romanos 6, donde Pablo dice mucho más acerca de este morir y resucitar con Cristo. En 1 Corintios, Pablo emplea la resurrección de Cristo como prueba de que los muertos resucitarán: "si Cristo es predicado como que ha resucitado de entre los muertos, ¿cómo es que algunos entre ustedes dicen que no hay resurrección de muertos?" (1 Co 15:12). Pero la importancia de la resurrección de Cristo va mucho más allá de una mera prueba o anuncio de la resurrección futura: "Puesto que la muerte entró por medio de un hombre, así también por medio de un hombre ha venido la resurrección de los muertos. Porque como en Adán todos mueren, así también en Cristo todos serán vivificados" (1 Co 15:21-22). En Romanos 6 se presenta la misma relación entre la muerte y resurrección de Jesucristo y la muerte y resurrección de sus seguidores: "Si hemos muerto con Cristo, creemos que también viviremos con él. Sabemos que Cristo, una vez resucitado de entre los muertos, ya no muere, la muerte no se enseñoreará más de él… Así también ustedes, consideren que están muertos por el pecado pero que están vivos para Dios en Cristo Jesús" (Ro 6:8-9, 11).

Volviendo entonces a Colosenses, lo primero que tenemos que señalar es que, por mucho que pueda sorprendernos, aquí no se habla de una futura resurrección, aunque ciertamente tal resurrección sigue siendo parte de la enseñanza cristiana, sino más bien de una resurrección que se fundamenta en la resurrección de Jesús y en el hecho pasado de que los cristianos han sido bautizados en Él, y por tanto han muerto y resucitado con Él. La epístola usa formas verbales referentes al pasado no solamente respecto a la resurrección de Cristo, sino también respecto a la muerte y la resurrección de los cristianos juntamente con Cristo: **"fueron sepultados… fueron resucitados"**.

Entre los más antiguos documentos cristianos que tenemos, aparte de los del Nuevo Testamento, encontramos repetidas afirmaciones de ese vínculo entre la resurrección de Cristo y la de la iglesia. En la resurrección de Cristo, la resurrección de ese cuerpo suyo que es la iglesia no solamente se anuncia, sino que también comienza en novedad de vida. La resurrección de Cristo no es solamente una prueba de su poder y divinidad, sino, sobre todo, el comienzo de la resurrección general:

> (Cristo) descendió a lo que estaba en la tierra bajo Él para buscar a las ovejas que estaban perdidas y que eran su propia creación, y luego ascendió a las alturas para ofrecerle a su Padre su propia naturaleza humana, de modo que Él vino a ser las primicias de la resurrección humana. Así como la cabeza ya se levantó de entre los muertos, así también el resto del cuerpo, el cuerpo de toda la humanidad viviente, cuando se cumpla el tiempo de la condenación que resultó de la desobediencia, puede resucitar, unida toda como si hubiera coyunturas y vínculos corporales dados por Dios, de modo que cada miembro tenga su propio y apropiado lugar en el cuerpo. (*Contra las herejías*, 3.19.3)

… por medio de la fe en el poder de Dios que lo levantó de entre los muertos: El verdadero bautismo, el morir y resucitar con Cristo, tiene lugar mediante la confianza en que, con el mismo poder con el que Dios levantó a Jesús de entre los muertos, Dios también les da a los bautizados una nueva vida. Además, cabe señalar que estas palabras dan a entender que el creyente tiene fe antes de su bautismo, y, por tanto, pueden usarse en contra del argumento mencionado más arriba acerca de la relación entre la circuncisión y el bautismo. Por otra parte, aquí la palabra "fe" no se refiere primeramente a una creencia, a aceptar ciertas doctrinas por muy esenciales que sean, sino que se refiere más bien a la confianza en el poder de Dios que se ha manifestado tanto en la resurrección de Jesús de entre los muertos como en la resurrección que tuvo lugar en el bautismo de los creyentes.

13: MIENTRAS USTEDES ESTABAN MUERTOS EN LOS DELITOS Y EN LA INCIRCUNCISIÓN DE SU CARNE, DIOS LES DIO VIDA JUNTAMENTE CON ÉL: Esto muestra claramente que los destinatarios de la carta, es decir, los cristianos colosenses, habían sido gentiles incircuncisos, aunque también es muy probable que antes de escuchar el mensaje cristiano se contaran entre los temerosos de Dios, que no eran completamente ajenos a la fe y la vida moral del pueblo de Israel. Mientras la RVR y otras versiones hablan de "pecados", la RVA se acerca más a la palabra original, que tiene la connotación de quebrantar leyes o desobedecer reglas, al decir **"delitos"**. Si habían sido mayormente temerosos de Dios, entonces sus **"delitos"** no serían tanto de carácter moral, pues un buen temeroso de Dios obedecía las leyes morales de Israel, sino que deben referirse más bien a las leyes rituales y de pureza ritual que eran tan importantes para el pueblo de Israel por ser parte también de la Ley de Dios. Más adelante se mencionarán algunos de esos antiguos **"delitos"** por los cuales algunos criticaban a estas personas ahora bautizadas y, por tanto, parte del pueblo de Dios. De ellos, el más importante parece haber sido el de no ser circuncidados como lo eran los hijos legítimos de Israel.

Nótese el uso del pretérito: **"estaban muertos"** y **"les dio vida"**. La dádiva de la nueva vida no es únicamente cuestión de esperanza futura, sino también algo que ya ha acontecido, o al menos ha comenzado a acontecer. Tomando la carta literalmente, la nueva vida no es solamente una promesa, sino también un cambio radical que ha tenido lugar en virtud del bautismo. Es porque "fueron sepultados juntamente con él en el bautismo" que los creyentes "también fueron resucitados juntamente con él".

Aunque, usando otras palabras e imágenes, la misma idea aparece en el capítulo 3 del Evangelio de Juan, donde Jesús le dice a Nicodemo que es necesario nacer de nuevo. Frecuentemente, ese "nacer de nuevo" se entiende sencillamente como tener la experiencia de la presencia de Cristo y la nueva vida que esa experiencia conlleva. Eso es correcto; pero lo que se nos olvida es el carácter radical de ese "nacer de nuevo". No en balde Nicodemo no entiende. Nacer a una nueva vida no es añadirle la fe a la vida que tenemos, ni es cambiar de alguna manera la vida que vivimos, sino que es verdaderamente morir para volver a nacer; morir para resucitar. Más adelante veremos que se les dice a los colosenses que "han muerto" (3:3). La vida cristiana requiere una nueva conducta; pero el fundamento de la vida cristiana no es sencillamente una nueva conducta, sino que es una nueva vida, un morir para resucitar con Cristo.

... perdonándonos: Sorprende aquí el que, mientras en todo lo que antecede se habla en tercera persona ("ustedes"), ahora se habla en primera persona: **"perdonándonos"**. Esto parece haber sorprendido también a algunos antiguos copistas y traductores, pues la Vulgata de Jerónimo y algunos manuscritos dicen "perdonándoles". Pero casi todos los manuscritos y otros testimonios antiguos usan la primera persona del plural y, por tanto, lo más probable es que originalmente el texto griego dijera exactamente lo mismo que dicen ahora casi todas las traducciones modernas: **"perdonándonos"**. Aparentemente, al llegar a este punto pareció sabio asegurarse de que los colosenses entendieran que lo que se estaba diciendo no se refería únicamente a ellos sino a todos los creyentes, incluso a quienes ahora les escribían.

14: ÉL ANULÓ EL ACTA QUE HABÍA CONTRA NOSOTROS, QUE POR SUS DECRETOS NOS ERA CONTRARIA: EL "ACTA" que aquí se menciona era un certificado de deuda, frecuentemente un escrito firmado por el deudor (*jeirografon*: literalmente, un escrito a mano, es decir, un autógrafo). Ese acta o documento de deuda iba **"contra nosotros"** (nótese todavía el uso de la primera persona) por razón de **"sus decretos"**. Aquí aparece el tema, que después se hizo predominante en la iglesia occidental, del pecado como una deuda en que se incurre por quebrantar la ley o los decretos de Dios. También algunos comentaristas antiguos afirman que la deuda a que aquí se refiere la carta era para con el diablo, a quien la humanidad se había vendido, volviéndose su esclava al seguir el camino de la desobediencia y el pecado. Pero el pasaje mismo no dice tal cosa, sino que da a entender que la deuda es para con Dios, y que se ha contraído por desobedecer los decretos divinos.

... y la ha quitado de en medio al clavarla en su cruz: Algunos comentaristas sugieren que esto se refiere a la práctica de certificar que una deuda había sido pagada anulando el documento de deuda tachándolo con una cruz, y que entonces, para que fuera público el pago, el documento mismo se clavaba en el poste de la localidad donde aparecían los anuncios públicos. Esto puede ser cierto, o no. El sentido de lo que se dice está claro; pero las connotaciones que pueda tener la imagen que aquí se emplea se nos ocultan en las tinieblas de la antigüedad.

15: TAMBIÉN DESPOJÓ A LOS PRINCIPADOS Y LAS AUTORIDADES, Y LOS EXHIBIÓ COMO ESPECTÁCULO PÚBLICO HABIENDO TRIUNFADO SOBRE ELLOS EN LA CRUZ: Véase lo que se dijo antes (2:10) acerca de los **"principados y las autoridades"**. Mientras en los versículos anteriores se habla de una deuda contraída por haber quebrantado los decretos divinos, y anulada por Cristo, aquí la salvación en Cristo se ve más bien como una victoria sobre los poderes del mal que tenían esclavizada a la humanidad. **"En la cruz"**, Cristo triunfó sobre ellos despojándolos de su poder, y exhibiendo su derrota. Por razón de una fácil transposición de letras y un ligero cambio de palabras, el texto más común en la iglesia occidental, es decir, la de habla latina, en lugar de decir que Cristo despojó a las autoridades (*arjaz*), decía que Cristo despojó a la carne (*sarka*). Ese cambio aparentemente ligero fue una de las muchas razones por las que en la iglesia occidental, de la cual se derivan no solamente la católica sino también todas las protestantes, evangélicas y pentecostales, tradicionalmente se ha hecho poco énfasis en la obra de Cristo como vencedor sobre los poderes del mal, mientras que ese énfasis ha predominado en las iglesias derivadas de la antigua iglesia oriental.

... las exhibió como espectáculo público: El **"espectáculo público"** puede ser difícil de entender. Lo que aquí se traduce de ese modo es una forma del verbo *thriabeyō*. Esa era la palabra que se empleaba para descubrir la condición de un cautivo que iba llevado en exhibición en el desfile triunfal del vencedor. Probablemente no se refiera a que de alguna manera todos hayan visto la victoria de Jesús sobre los poderes del mal, acerca de lo cual muy pocos sabían cuando se escribió la carta, sino más bien a que esos poderes espirituales "en los aires" (como dice Efesios) han sido derrotados, y su derrota es palpable entre todos los otros seres espirituales. Esto es semejante a lo que vemos en Efesios 4:8-10, donde se cita el Salmo 68:18 y se afirma que, en su descenso, Cristo "subiendo a lo alto, llevó cautiva la cautividad". Algo parecido vemos en 1 Corintios 11:26. Allí, refiriéndose a la comunión, una cena en la que solamente están presentes los creyentes, Pablo dice que "todas las veces que coman este pan y beban esta copa, anuncian la muerte del Señor, hasta que él venga". El anuncio al que Pablo se refiere allí no puede ser la proclamación pública, ya que los cristianos están reunidos en privado. Es más bien la proclamación a los "espíritus...en los lugares celestiales" a lo que se refiere Pablo en Efesios 12:11. En otras palabras, la victoria de Cristo no es solo en la tierra, donde el todavía pequeñísimo número de cristianos da testimonio de la muerte y victoria de Jesucristo, sino que tiene lugar también en los "lugares celestiales". La victoria de Jesucristo es una victoria cósmica. Y, como hemos visto anteriormente en este análisis de Colosenses, ¡ese Cristo y esa victoria tienen que ver no solamente con los humanos, sino también con toda la creación!

Todo esto puede transferirse de diversas maneras a nuestra situación presente. Si hoy raras veces escuchamos a alguien diciendo que debemos someternos a las "malicias espirituales en los aires", sí hay múltiples voces que nos llaman a someternos a lo que no es Dios. Por eso, en círculos evangélicos, repetidamente se les advierte a los creyentes que han de apartarse de una devoción a los santos que frecuentemente se torna culto a los santos y, por tanto, se asemeja mucho al "culto a los ángeles" al que se refiere Colosenses. Pero hay también otros "principios elementales" de nuestra era que frecuentemente demandan culto. Y también hay muchos creyentes dispuestos a ofrecerles tal culto. Uno de ellos, quizá el más común, es el culto a las posesiones. Vivimos en sociedades en las que parece que el valor de la persona se mide por el valor material de sus posesiones. Quienes tienen recursos los emplean para mostrar que los tienen: joyas costosas, automóviles de lujo, elegantes fiestas. Quienes no los tienen, pero pueden, se endeudan para dar la impresión de que tienen más. El resto de la sociedad, frecuentemente la mayoría, apenas tiene lo necesario. Todo esto no es más que una especie de culto al éxito económico. Lo que hoy Colosenses nos dice al respecto es que no debemos someternos a tales "principios fundamentales, que Cristo nos ha librado de ellos.

En muchos casos, esos "principios fundamentales" que nos apartan de la obediencia a Cristo son cosas tan positivas como la patria o la nación. Ciertamente, las naciones son obra de Dios; y sus leyes, siempre que sean justas, son dignas de obediencia. El amor patrio es uno de los muchos medios que Dios emplea para vincularnos unos con otros. Pero, frecuentemente, el nacionalismo llama a los creyentes a un culto que es prácticamente idolátrico.

En el pasado siglo XX se vio eso en los orígenes de la Segunda Guerra Mundial. Lo que acontecía en Alemania en aquellos años era que el país, acostumbrado a ser luminaria del mundo, centro de ciencias y conocimientos, y productor de riquezas, se veía en decadencia y desplazado por otros. Alemania acababa de salir derrotada de una guerra desastrosa que se conocía entonces como la Gran Guerra, hasta que otra guerra aún peor la relegó al título de "Primera Guerra Mundial". En aquel momento entre las dos guerras, Adolfo Hitler y sus asociados comenzaron a promover un nacionalismo extremo que pretendía restaurar la grandeza de Alemania limitando las libertades civiles y buscando chivos expiatorios en los judíos y otras minorías. Como parte del programa nazi, se cooptó a las iglesias creando lo que se llamó el "cristianismo alemán", que era una mezcla de nacionalismo antisemítico y xenofóbico con visos de cristianismo, de apelaciones a la Biblia para justificar las acciones del gobierno, y otras blasfemias semejantes.

Fue entonces cuando un grupo de teólogos y líderes de la iglesia se sintió obligado a responder sobre la base de su fe y de su teología. Reunidos en la ciudad de Barmen, 139 delegados de las iglesias evangélicas, es decir, luteranas, reformadas y unidas, de toda Alemania reafirmaron su fe y la fe de la iglesia de manera valiente. Aquel año de 1934 era difícil, pues ya se había llegado al punto en que toda persona que criticara al nazismo se consideraba antipatriótica y sospechosa de traición. Disfrazado de cristianismo, el paganismo nazi, que parecía ofrecer la salvación patria mediante una adulación idolátrica al líder nacional, había forzado a muchos líderes de la iglesia a doblegarse ante él y unirse al movimiento de lo que llamaban "cristianismo alemán".

La crisis era seria. Quienes se reunieron en Barmen sabían que aquello podía costarles su empleo y su libertad, y hasta el exilio o aun la muerte. Sabían ciertamente que su declaración llevaría a su expulsión de las iglesias que habían venido a ser instrumentos del régimen de Hitler. Pero estaban en un momento de juicio inminente, cuando había que decidir entre la fe y la infidelidad. La decisión que tomaron estuvo clara. Y cito algunas palabras de la *Confesión de Barmen* que surgió de aquella reunión:

> Rechazamos la doctrina según la cual la iglesia puede dejar a un lado su mensaje para su propio provecho o para ajustarse a las ideologías y convicciones políticas prevalecientes…. Rechazamos la doctrina falsa según

> la cual el Estado puede traspasar su función particular y convertirse en el orden único y total para la vida humana, así posesionándose de la vocación de la iglesia.... Rechazamos como doctrina falsa el que, por motivo de arrogancia humana, la iglesia pueda colocar la obra y Palabra del Señor al servicio de deseos, propósitos y planes escogidos arbitrariamente.

El resultado de todo esto fue el surgimiento del "Sínodo Confesante", rápidamente rechazado por la Iglesia Evangélica Alemana. Fueron ese Sínodo Confesante, y sus miembros y seguidores, quienes supieron en aquel momento de decisión, en aquel momento de crisis, tomar el camino de la cruz. Fueron ellos quienes salvaron a muchos judíos de los hornos de Hitler. Fueron varios de ellos quienes murieron en campos de concentración o ejecutados por orden del gobierno. En pocas palabras, fueron ellos quienes supieron proclamar que Cristo "despojó a los principados y las autoridades, y los exhibió como espectáculo público habiendo triunfado sobre ellos en la cruz" (Col 2:15).

Lo que aconteció en Alemania no es único, sino que sucedió muchas veces antes y todavía sucede en todas las regiones del mundo y bajo una vasta gama de regímenes nacionalistas tanto de derecha como de izquierda. A la iglesia, bajo una u otra situación, Colosenses le recuerda que Cristo "despojó a los principados y las autoridades y los exhibió como espectáculo público".

Algunos de los pretendientes al título de "espíritus elementales" son sentimientos internos, como la soberbia, la envidia o la ambición desbocada. Otros son externos, como la injusticia, la explotación y la tiranía. Algunos son en cierta medida externos, pero tienen poder porque los aceptamos en nuestro fuero interno, como la idolatría a las riquezas a la que ya nos hemos referido. Frente a todo esto, el mensaje de Colosenses incluye ciertamente un llamado a novedad de vida, sobre el que volveremos en la próxima sección, pero sobre todo incluye un mensaje de victoria, pues los principados y autoridades han sido despojados por Jesucristo el Señor. Sobre ellos, sobre nuestros malos impulsos, sobre nuestra desidia, sobre nuestra codicia, y también sobre quienes nos oprimen, quienes nos desvían, quienes nos desprecian, ¡Cristo ha triunfado en la cruz!

16: POR TANTO, NADIE LOS JUZGUE: Los creyentes han de permanecer firmes en su fe, y no temer el juicio de quienes mediante "falsos argumentos persuasivos" o "filosofías y varias sutilezas" les digan que la fe que tienen no basta, y que hay que corregirla o añadirle, lo cual equivaldría a decir que Cristo no es verdaderamente la "plenitud" de Dios. Pero el **"nadie los juzgue"** no se debe entender solamente en el sentido de que los creyentes deben rechazar tales juicios, sino también en el sentido de que quienes pretenden juzgarles no tienen jurisdicción, puesto que Cristo ha despojado "a los principados y las potestades, y los exhibió como espectáculo público habiendo triunfado sobre ellos en la cruz". No se trata aquí de la opinión común en nuestros días, que nadie debe juzgar porque hay diversidad de opiniones. Eso puede ser cierto, al menos en cierta medida; pero este texto no se refiere a eso. Lo que el texto dice es que estos creyentes, a quienes la carta se dirige, no pueden ser juzgados por nadie como si no les bastara con Cristo, en quien "habita toda la plenitud de la deidad", y tuvieran que buscar la verdad en otro lugar completamente aparte de Cristo.

... en asuntos de dieta o de bebida, o respecto a días de fiestas, lunas nuevas o sábados: Aquí vemos más concretamente qué era lo que enseñaban al menos algunos de los falsos maestros a quienes la epístola intenta refutar. Sus "falsos argumentos persuasivos" pretendían obligar a todos los creyentes en Cristo a ajustarse a las leyes dietéticas y las fiestas ceremoniales de los judíos, así como a las leyes respecto al sábado. Todo esto fue objeto de debate entre las primeras generaciones cristianas. Algunos decían que, puesto que Cristo había hecho a sus seguidores beneficiarios de las promesas hechas antaño a Israel, debían seguir todos los reglamentos de la Ley. Esto incluía no solamente el monoteísmo y la pureza moral, sino también la pureza ritual que requería que se observaran las leyes dietéticas, los sábados, y al menos en la enseñanza de algunos, la circuncisión. Todo esto es un tema que Pablo discute mucho más detalladamente en Gálatas. En ese debate, algunos adoptaban la posición contraria, insistiendo en que continuar sujetándose a los preceptos de la Ley era poner en duda la suficiencia de la obra de Cristo. Entre ambos extremos, la mayoría de los antiguos escritores cristianos cuyas obras se conservan adoptaba una postura intermedia, rechazando tanto la tesis de que era necesario seguir las leyes dietéticas y de pureza ritual como la tesis contraria, que pretendía prohibir tales observancias como si fueran intrínsecamente malas; o, como decían los más extremistas, inspiradas por los demonios. El pasaje que estamos estudiando, que algunos entienden como un rechazo a quienes guardan tales leyes, adopta en realidad esa postura intermedia. El "nadie los juzgue" no significa que nadie pueda guardar el sábado u observar las leyes dietéticas, sino sencillamente que nadie tiene derecho a juzgar a otros en una dirección u otra. Los creyentes en Cristo, tanto judíos como gentiles, pueden guardar el sábado y observar las leyes dietéticas. También pueden no seguir tales ordenanzas. Lo que no deben hacer es someterse a tales leyes e insistir en que seguirlas es un camino más perfecto; y tampoco condenar a quien las sigue. Al contrario, quienes creen en Cristo "están completos en él", pues "él anuló el acta que había contra nosotros, que por sus decretos nos era contraria". Pablo expresa la misma idea en Romanos 14:3: "el que come no menosprecie al que no come, y el que no come no juzgue al que come, porque Dios lo ha recibido".

17: TODO ELLO ES SOLO UNA SOMBRA DE LO PORVENIR, PERO LA REALIDAD PERTENECE A CRISTO: Lo que aquí se traduce por "sombra" es exactamente lo que el texto griego dice, y es ejemplo de uno de los principales modos en que los antiguos cristianos hacían uso de las Escrituras hebreas. El decir que las leyes respecto a la comida, la bebida y los días especiales eran **"sombra de lo por venir"** no es negar que hayan sido revelación de Dios. Es sencillamente afirmar que todo aquello apuntaba hacia **"la realidad"**, que se encuentra o le **"pertenece a Cristo"**. La sombra no es una negación de la realidad. Lo que no existe no produce sombra. La sombra es más bien un reflejo incompleto u oscuro de la realidad que se encuentra tras ella. La sombra, aunque no sea la realidad misma, sin embargo la anuncia. Tomar la sombra como si fuera la realidad es un error. También lo es negar el valor de la sombra, que apunta a la realidad tras ella. En el lenguaje cristiano tanto del Nuevo Testamento como de la iglesia antigua encontramos repetidamente esta visión e interpretación de las Escrituras hebreas.

Esto nos lleva a considerar el modo en que tanto Colosenses

como los primeros cristianos interpretaban las Escrituras hebreas. Cuando esta carta se escribió, probablemente algunos de los libros que hoy forman el Nuevo Testamento habían sido escritos ya; pero otros todavía estaban por escribir. En todo caso, no había todavía una lista de los libros que deberían considerarse como Escritura sagrada entre cristianos, lo que hoy llamamos el "canon" del Nuevo Testamento. Además, tampoco el canon del Antiguo Testamento estaba ya completamente definido. Ciertamente, la Ley y los Profetas, así como los Salmos, eran tenidos por Escritura sagrada tanto por los judíos como por los cristianos. Pero había varios otros libros que todavía estaban, por así decir, rondando el canon del Antiguo Testamento. Esto incluía los libros que se conocerían por el nombre de "Escritos" (por ejemplo: Proverbios, Job, Eclesiastés) así como los que hoy conocemos como "apócrifos" que todavía muchos judíos consideraban inspirados, pero que a la postre no fueron incluidos en el canon hebreo: Judit, Tobías, Macabeos entre otros.

Aunque el canon de las Escrituras todavía estuviera en proceso de formación, los cristianos concordaban con los judíos en cuanto a la inspiración divina de ciertos libros, al menos de todos los que hoy forman el Antiguo Testamento. Esto creaba ciertos problemas, pues en el Antiguo Testamento se encuentran leyes y ritos que parecían tener poco que ver con la fe cristiana. Esto es un problema que vemos repetidamente en el Nuevo Testamento. En Hechos 15, los creyentes en Jerusalén se reúnen para discutir lo que han de hacer con los gentiles que se han convertido a través de la misión de Bernabé y de Pablo. En aquella ocasión, se nos dice que Pedro declaró: "Dios, que conoce los corazones, dio testimonio a favor de ellos al darles el Espíritu Santo igual que nosotros, y no hizo ninguna diferencia entre nosotros y ellos, ya que purificó por la fe sus corazones. Ahora pues, ¿por qué ponen a prueba a Dios, colocando sobre el cuello de los discípulos un yugo que ni nuestros padres ni nosotros hemos podido llevar?" (Hch 15:8-10). Lo que la asamblea decide es darles la bienvenida a los gentiles conversos pidiéndoles solamente que "se abstengan de cosas sacrificadas a los ídolos, de sangre, de lo estrangulado y de inmoralidad sexual" (Hch 15:29). Lo notable en todo esto es que entre lo que se requiere de los gentiles no están algunos de los elementos aparentemente esenciales de la ley de Israel, por ejemplo, la circuncisión y la observancia del sábado. Aunque pudiéramos pensar lo contrario, lo cierto es que esa decisión del llamado "concilio de Jerusalén" no le puso fin a la duda y el debate. De ello da testimonio buena parte del Nuevo Testamento. Un ejemplo claro se encuentra en Gálatas, donde Pablo declara que tuvo que decirle a Pedro: "Si tú, que eres judío, vives como los gentiles y no como judío, ¿por qué obligas a los gentiles a hacerse judíos?" (Gá 2:14). A la postre, como es de todos sabido, se estableció una distinción entre ciertos elementos fundamentales de la ley de Israel, particularmente su monoteísmo y sus principios morales, y los ritos y observancias que los cristianos no tenían que observar. Uno de esos ritos que los gentiles convertidos a la fe cristiana no tenían que observar era la circuncisión. En Colosenses no se dice que la ley de la circuncisión haya sido abolida, sino más bien que ha sido cumplida en Cristo mediante una nueva circuncisión, de la misma manera en que una sombra se cumple cuando llega la realidad.

Ese modo de ver una continuidad en la historia a través de figuras o tipos que se repiten, lo que hoy recibe el nombre de "tipología" o "interpretación tipológica", no aparece únicamente en Colosenses sino también a lo largo de toda la Biblia. En el Antiguo Testamento, el caso más conocido y obvio es el de la liberación del yugo de Egipto y los años de peregrinación en el desierto. Siglos más tarde, Isaías (43:16-20) usaría ese mismo paradigma para anunciar el regreso del exilio en Babilonia como una reiteración del poder de Dios manifestado en la salida de Egipto. Pasando entonces al Nuevo Testamento, vemos que el mismo paradigma resuena en el anuncio de Juan el Bautista (Lc 3:4-6) como « Voz del que proclama en el desierto: "Preparen el camino del Señor"». Pablo hace uso repetido de la interpretación tipológica. En Romanos 5:14 dice que Adán "es figura del que había de venir". Siguiendo el mismo método, declara que la roca que en el desierto daba agua "era Cristo" (1 Co 10:4). Si tornamos la atención hacia otros libros del Nuevo Testamento, veremos que en Hebreos hay un largo pasaje que se puede resumir como sigue: "el primer pacto tenía reglamentos acerca del culto y del santuario terrenal. El tabernáculo fue dispuesto así... Con esto el Espíritu daba a entender que todavía no había sido mostrado el camino hacia el lugar santísimo... Esto es una figura para el tiempo presente, según la cual se ofrecían ofrendas y sacrificios que no podían hacer perfecto al que rendía culto" (He 9:1-9).

Esta visión nos abre nuevas perspectivas acerca de textos bien conocidos, pero cuyo sentido bien puede tener dimensiones que frecuentemente no vemos. Un caso se encuentra en el Sermón del Monte, donde Jesús dice: "No piensen que hay venido para abrogar la Ley o los Profetas. No he venido para abrogar, sino para cumplir" (Mt 5:17). Comúnmente, entendemos este pasaje en un sentido económico o forense, pues entendemos que Jesús está diciendo que ha venido para pagar nuestra deuda por cuanto nos ha sido imposible cumplir la ley. Pero, ¿podrá tener otro sentido eso de "cumplir" la Ley? Lo que nuestras biblias traducen por "cumplir" es una forma del verbo *plēroō*, que es también la raíz de la palabra que aparece frecuentemente en Colosenses, *plērōma*, o "plenitud". Luego bien podemos entender que Jesús no está hablando aquí de cumplir en el sentido de obedecer, sino más bien en el sentido de completar, de llevar a su punto final. En tal caso, lo que el pasaje en Mateo quiere decir es que Jesús ha venido para hacer realidad visible lo que la Ley había anunciado como una sombra o figura.

Muchos de los antiguos escritores cristianos concuerdan en que la antigua Ley le fue dada a Israel como un anuncio, sombra o figura de lo que acontecería en Cristo. Hacia fines del siglo II había quienes decían que la Ley era producto de un dios inferior o ignorante y vengativo, mientras que el evangelio era revelación de un Dios supremo, sabio y perdonador. Contra tales opiniones Tertuliano, el primer autor cristiano en lengua latina, declara:

> No trataremos ahora acerca de la ley, sino que sencillamente señalaremos que el apóstol aquí (en Colosenses) nos dice cómo ha sido abolida, pasando de la sombra a la sustancia, o de figuras tipológicas a la realidad, que es Cristo. La sombra le pertenece también a quien le pertenece el cuerpo. En otras palabras, la ley es suya, y también lo es Cristo. (*Contra Marción*, 5.19)

Cuando se interpretan tipológicamente, los decretos de la Ley referentes a cuestiones tales como la pureza ritual, los sacrificios, los días especiales y otros fueron ciertamente establecidos por Dios; pero no con el carácter de leyes permanentes, sino más bien como "tipos", figuras o sombras que apuntaban hacia Cristo; como dice Colosenses, eran "solo una sombra de lo por venir". Por eso, los creyentes no han de encontrar a Cristo solamente en el Nuevo Testamento, sino también en el Antiguo.

Tales interpretaciones tipológicas se encuentran frecuentemente entre los antiguos escritores cristianos. A manera de ejemplo, podemos citar una de las homilías de Cromacio, obispo de Antioquía hacia fines del siglo IV y principios del V. Según él:

> Jesús cumplió la ley y los profetas como sigue: Trajo a la realidad lo que se había escrito acerca de él en la Ley y los Profetas. Cuando bebió del vinagre que se le ofreció en la cruz, declaró: "Consumado es". De ese modo mostraba que todo lo que había sido escrito acerca de él en la Ley y los Profetas se había cumplido ahora, incluso el beber vinagre. Jesús cumplió la Ley también cuando, mediante el sacramento de su pasión, cumplió lo que antes se había prefigurado en el misterio de la cena pascual. Por eso el apóstol dice: "Cristo, nuestro Cordero pascual, ha sido santificado". (Sobre Mateo, 20.1.2; CSEL 9a:291)

Esta forma de interpretación ha prevalecido a través de la historia, aunque frecuentemente no la reconozcamos. En tiempos de la Reforma protestante, Felipe Melanchthon, el más cercano colaborador de Lutero, comentando sobre Colosenses 2:17 dice:

> Es común explicar la "sombra" como tipo, como queriendo decir que, puesto que la ley no justifica, las ceremonias no son necesarias. Eso es lo que dice Hechos 15. ¿Por qué entonces surgieron las ceremonias? Son tipos de Cristo. Por ejemplo, la Pascua significa la muerte de Cristo. Y el arca apunta hacia la iglesia… La Ley como un todo no fue dada para justificar, sino más bien para apuntar hacia la justificación mediante Cristo que había sido prometida. Las ceremonias no fueron hechas para justificar, sino más bien para recordar la justificación prometida. Es así que fueron justificados David, Samuel y otros. No fueron justificados porque practicaron las ceremonias, sino más

> bien porque, al practicarlas, creían en la justificación mediante Cristo que había sido prometida.

Y Juan Calvino dice algo parecido:

> Él (Pablo) libra a los cristianos de la observancia de tales cosas ("asuntos de comida o bebida, respecto a días de fiesta, lunas nuevas o sábados") porque son sombras que fueron dadas en un tiempo cuando todavía, en cierto sentido, Cristo estaba ausente. Por ello, compara las sombras con la realidad, y la ausencia con lo manifiesto. Quienes todavía se aferran a las sombras son como quien juzga la apariencia de alguien basándose en su sombra cuando tiene a la persona misma ante sus propios ojos. Ahora Cristo se nos ha revelado y, por tanto, podemos verle con la claridad con que vemos a quien está presente. (*Comentario sobre Colosenses*, 2:17)

18: NADIE LOS PRIVE DE SU PREMIO FINGIENDO HUMILDAD Y CULTO A LOS ÁNGELES, HACIENDO ALARDE DE LO QUE HA VISTO, VANAMENTE HINCHADO POR SU MENTE CARNAL: Una vez más, se niega a todos el derecho a dictaminar sobre estos asuntos: **"nadie"**. Pero ahora el verbo que se emplea es otro. No se trata solo de juzgarles, sino también de privarles **"de su premio"**. El verbo que aquí se emplea es extremadamente poco común (*katabrabeuō*). Es el verbo *brabeuō*, "premiar", precedido por *kata*, que lo vuelve su opuesto y que, por tanto, bien puede querer decir (1) privar del premio, como en esta traducción, o también (2) dar un premio injustamente o (3) descalificar a alguien de tal modo que no pueda llegar al premio. La diferencia no es importante en este caso, pues darle a alguien un premio indebido es similar a privarle de su justo premio y excluirle de la competencia. En todo caso, el sentido del texto está claro: había ciertas personas que fingían **"humildad y culto a los ángeles"**, y que al enseñar tales cosas desviaban a los creyentes, despojándoles del premio debido que, como se ha dicho repetidamente en la epístola, no es otro que Cristo. La **"humildad"** es una característica que la Biblia recomienda repetidamente, sobre todo a los soberbios. Más adelante, en 3:12, se hablará de la humildad en términos de encomio. Pero en el pasaje que estamos estudiando es una humildad fingida y, por tanto, una humildad que esconde el orgullo o la soberbia de quien la finge.

No es solamente la humildad lo que se finge, sino también el **"culto a los ángeles"**. Se ha discutido mucho acerca de lo que pueda haber sido este **"culto a los ángeles"**. Aquí, el sentido del texto griego es ambiguo, pues una traducción literal sería "culto *de* los ángeles", lo que legítimamente puede entenderse, por una parte, como el culto *a* los ángeles, como aquí se traduce; y, por otra, como el culto *que* los ángeles practican en la presencia de Dios. Algunos eruditos señalan que en ciertos círculos judíos de la época se invocaba a los ángeles, no como dioses, sino más bien como agentes que podían proteger o dañar a los seres humanos, así como traer mensajes divinos. En teoría, eso no era rendirles culto a los ángeles como seres divinos, sino más bien invocarles como agentes de Dios, algo muy parecido a lo que frecuentemente ocurre hoy en el llamado "culto a los santos", que en teoría no es culto o adoración, pero frecuentemente llega a serlo en la práctica. Entre los autores cristianos del siglo II encontramos críticas al judaísmo en las que se acusaba a los judíos de adorar a los ángeles. Además, hay textos de la misma época en los que los nombres de los ángeles se mezclan con nombres paganos. Todo esto es el fundamento de la traducción más común, en la que se habla de un **"culto *a* los ángeles"**. Pero siempre es posible que lo que existía en Colosas haya sido más bien un grupo de personas que, en humildad fingida, decían haber participado del culto que los ángeles le rinden a Dios en el cielo, un culto como aquel del que Juan da testimonio en el Apocalipsis, y ahora venían **"haciendo alarde"** de lo que habían visto. Nótese la **"humildad"** al principio del versículo, y el **"alarde"** al final. Ese contraste entre la verdadera humildad y el alarde que aquí se condena se debe a que quien toma tal actitud está **"vanamente hinchado por su mente carnal"**. La frase misma **"mente carnal"** le parecería contradictoria a buena parte de la población de entonces. En el lenguaje de muchos en esa época, tanto filósofos como los líderes y los devotos de diversas religiones, se hablaba de dos realidades contrastantes tanto en el mundo como en el individuo. Por un lado está el mundo espiritual, que en el ser humano viene a ser el mundo intelectual o la mente. Por otro está el mundo material, que en el ser humano viene a ser el cuerpo o la carne. Desde tal perspectiva, la frase **"mente carnal"** parecería un contrasentido. Muy posiblemente esto se haga adrede, con el propósito de rechazar el dualismo que reinaba en muchos círculos tanto intelectuales como religiosos, y ciertamente en el gnosticismo que iba tomando forma.

19: Y NO AFERRÁNDOSE A LA CABEZA DE LA CUAL TODO EL CUERPO, NUTRIDO Y UNIDO POR COYUNTURAS Y LIGAMENTOS: Este versículo señala la alternativa que debían seguir tanto los creyentes fieles en Colosas como los maestros que, "hinchados por su mente carnal", se ufanaban de lo que supuestamente habían visto. A estos últimos se exhorta a abandonar su postura; y a los primeros se les llama a la fidelidad y la constancia. Como se ha visto repetidamente en las páginas anteriores, aquí **"la cabeza"** es Cristo mismo, mientras **"el cuerpo"** es la iglesia. La imagen de la iglesia como "cuerpo de Cristo" aparece repetidamente en las cartas paulinas, y ya la hemos encontrado en la epístola que estudiamos ahora. Lo que aquí conviene notar es que, a diferencia de 1 Corintios 12:12-26, la imagen del cuerpo no se usa tanto para señalar la importancia de la diversidad de los miembros, sino ante todo para enfatizar la unidad de ese cuerpo y, por tanto, la necesidad de no seguir las doctrinas falsas que la epístola repetidamente contradice. Pero aun aquí hay un reconocimiento de la diversidad entre los distintos miembros del cuerpo. Ese cuerpo, que tiene por cabeza a Cristo, está **"nutrido y unido por coyunturas y ligamentos"**. Como cuerpo de Cristo, la iglesia no es sencillamente un grupo de miembros dislocados e independientes que se reúnen en ciertas ocasiones, sino un conjunto de miembros que, para su propia existencia y por su propia relación con la Cabeza, necesitan estar unidos entre sí **"por coyunturas y ligamentos"**.

... crece con el crecimiento que da Dios: Todo lo que se ha dicho anteriormente respecto a quienes se ufanan de tener un conocimiento especial mediante el cual pretenden haber adelantado en su unión con Cristo, así como la afirmación de que quienes han resucitado con Cristo están "completos en él", no quiere decir que no haya crecimiento en la vida cristiana. Pero ese crecimiento no es puramente individual, sino también colectivo. De igual modo que cada miembro de un cuerpo crece porque se relaciona con los demás, así también en esta iglesia que es cuerpo de Cristo el crecimiento, en lugar de ser individual, es colectivo. Lo que se busca no es primeramente el crecimiento del creyente individual, sino más bien el crecimiento del cuerpo, que naturalmente conlleva el crecimiento de cada miembro.

A simple vista, el pasaje acerca de la iglesia como cuerpo de Cristo en Colosenses dice lo mismo que el de 1 Corintios 12:12-31, pues en ambos se habla de la iglesia como un cuerpo y de los cristianos como miembros de ese cuerpo. Pero hay una diferencia notable: mientras en Corintios se subraya la unidad entre los miembros, y el propósito de esa unidad es el buen funcionamiento de la iglesia, en Colosenses lo que se subraya es, en primer lugar, la importancia de la cabeza sin la cual el cuerpo no puede vivir y, en segundo lugar, la relación entre los miembros del cuerpo. En Corintios, lo que se busca es las buenas relaciones entre los creyentes, el fin de las disensiones y disputas. En Colosenses, lo que se busca es la vida del cuerpo entero en su relación con Cristo. Quizá podríamos decir, simplificando la diferencia, que mientras en Corintios lo que se busca es el buen funcionamiento de la iglesia, en Colosenses lo que se busca es el crecimiento espiritual de la iglesia. En Corintios, lo que se subraya es la función necesaria de cada miembro diferente: « El ojo no puede decir a la mano: No tengo necesidad de ustedes"». En Colosenses, no se dice una palabra acerca de las diferencias, aunque ciertamente las diferencias están implícitas. Lo que se subraya es más bien la unidad del cuerpo **"por coyunturas y ligamentos"**, de tal manera que todo el cuerpo pueda crecer **"con el crecimiento que da Dios"**. Esto es de suma importancia, pues en la próxima sección, al tratar sobre "la vida nueva en Cristo", corremos el peligro de dejarnos llevar por las tendencias individualistas de nuestros tiempos. El crecimiento no es en primer lugar el de los creyentes individuales, sino más bien el crecimiento de todo el cuerpo. Precisamente por razón de las diferencias que hay dentro de este cuerpo, es necesario que esté "unido por coyunturas y ligamentos" para el crecimiento, no primeramente de cada creyente individual, sino de todo el cuerpo.

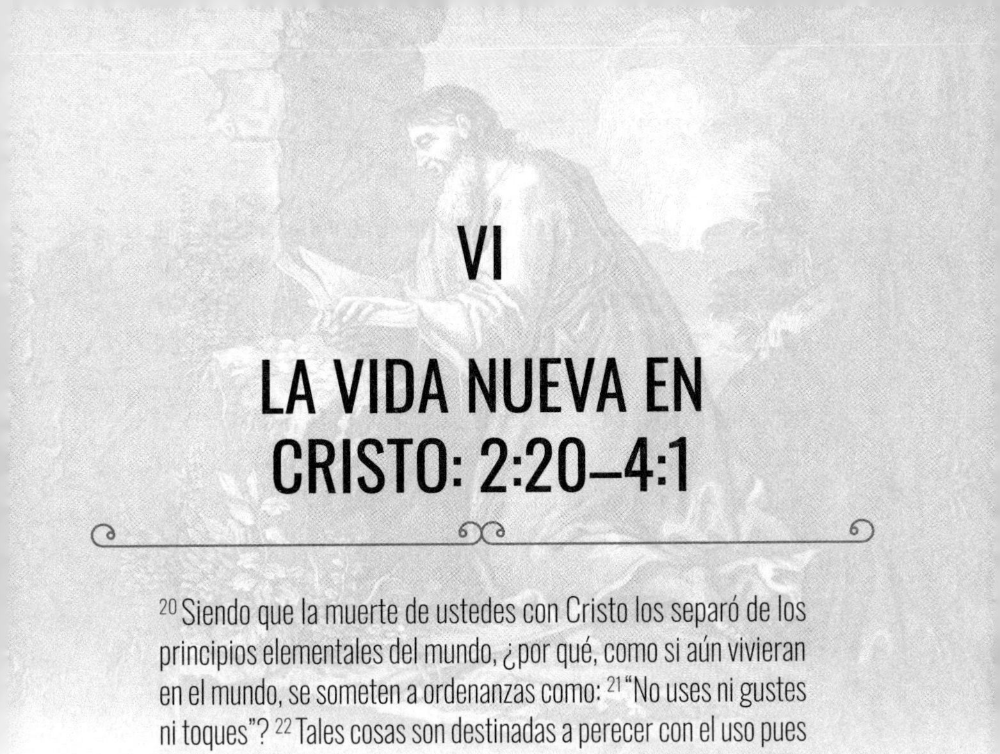

VI

LA VIDA NUEVA EN CRISTO: 2:20–4:1

20 Siendo que la muerte de ustedes con Cristo los separó de los
principios elementales del mundo, ¿por qué, como si aún vivieran
en el mundo, se someten a ordenanzas como: 21 "No uses ni gustes
ni toques"? 22 Tales cosas son destinadas a perecer con el uso pues
son según los mandamientos y las doctrinas de hombres. 23 De
hecho, semejantes prácticas tienen reputación de ser sabias
en una cierta religiosidad, en la humillación y en el duro trato
del cuerpo, pero no tienen ningún valor contra la sensualidad.
3 Siendo, pues, que ustedes han resucitado con Cristo, busquen
las cosas de arriba donde Cristo está sentado a la diestra de
Dios. 2 Ocupen la mente en las cosas de arriba, no en las de la
tierra; 3 porque han muerto, y su vida está escondida con Cristo en
Dios. 4 Y cuando se manifieste Cristo, la vida de ustedes, entonces
también ustedes serán manifestados con él en gloria. 5 Por lo
tanto, hagan morir lo terrenal en sus miembros: inmoralidad
sexual, impureza, bajas pasiones, malos deseos y la avaricia, que
es idolatría. 6 A causa de estas cosas viene la ira de Dios sobre los
rebeldes. 7 En ellas anduvieron también ustedes en otro tiempo
cuando vivían entre ellos. 8 Pero ahora, dejen también todas estas
cosas: ira, enojo, malicia, blasfemia y palabras groseras de su
boca. 9 No se mientan los unos a los otros; porque se han despojado
del viejo hombre con sus prácticas 10 y se han vestido del nuevo, el

cual se renueva para un pleno conocimiento conforme a la imagen
de aquel que lo creó. 11 Aquí no hay griego ni judío, circuncisión ni
incircuncisión, bárbaro ni escita, esclavo ni libre; sino que Cristo
es todo y en todos. 12 Por tanto —como escogidos de Dios, santos
y amados— vístanse de profunda compasión, de benignidad, de
humildad, de mansedumbre y de paciencia; 13 soportándose los
unos a los otros y perdonándose los unos a los otros, cuando
alguien tenga queja del otro. De la manera que el Señor los
perdonó, así también háganlo ustedes. 14 Pero sobre todas estas
cosas, vístanse de amor, que es el vínculo perfecto. 15 Y la paz de
Cristo gobierne en su corazón, pues a ella fueron llamados en un
solo cuerpo, y sean agradecidos. 16 La palabra de Cristo habite
abundantemente en ustedes, enseñándose y amonestándose los
unos a los otros en toda sabiduría con salmos, himnos y canciones
espirituales, cantando con gracia a Dios en su corazón. 17 Y todo lo
que hagan, sea de palabra o de hecho, háganlo todo en el nombre
del Señor Jesús, dando gracias a Dios Padre por medio de él.
18 Esposas, estén sujetas a su esposo como conviene en el Señor.
19 Esposos, amen a su esposa y no se amarguen contra ella. 20 Hijos,
obedezcan a sus padres en todo porque esto es agradable en el
Señor. 21 Padres, no irriten a sus hijos para que no se desanimen.
22 Siervos, obedezcan en todo a sus amos humanos; no sirviendo solo
cuando se les está mirando, como los que agradan a los hombres,
sino con sencillez de corazón, temiendo a Dios. 23 Y todo lo que
hagan, háganlo de buen ánimo como para el Señor y no para los
hombres, 24 sabiendo que del Señor recibirán la recompensa de la
herencia. ¡A Cristo el Señor sirven! 25 Pero el que comete injusticia
recibirá la injusticia que haga porque no hay distinción de personas.
4 Amos, hagan lo que es justo y equitativo con sus siervos, sabiendo
que también tienen un amo en los cielos.

Pasamos ahora a una nueva sección de la epístola en la que, tras lo que se ha dicho anteriormente acerca de la preeminencia de Cristo y de diversos modos en los que esa preeminencia se niega mediante falsos argumentos y filosofías vanas, la epístola pasa a los aspectos más prácticos de la vida cristiana. Sin exagerar la distinción, bien podemos decir que, hasta aquí, la epístola ha sido más bien teológica o doctrinal, mientras que ahora se vuelve más práctica o ética. Pero hay que cuidar de no exagerar esa diferencia, pues la doctrina y la vida son inseparables: la doctrina le da forma a la vida; y la vida le da forma a la doctrina. Por eso, esta nueva sección empieza con una especie de resumen general de lo que ya se ha dicho (2:20-23), seguido de otro resumen de carácter semipoético acerca de la resurrección en Cristo (3:1-4), para pasar entonces a lo que esto significa para la vida cristiana cotidiana y para las relaciones de los creyentes unos con otros y con el resto de la sociedad.

20: SIENDO QUE LA MUERTE DE USTEDES CON CRISTO LOS SEPARÓ DE LOS PRINCIPIOS ELEMENTALES DEL MUNDO: Esto no introduce ideas nuevas, pues ya se ha dicho que, en su bautismo, los cristianos han muerto con Cristo (2:12). Y se ha dicho también que **"los principios elementales del mundo"**, según los entienden los supuestos filósofos que usan argumentos falsos, llevan a un cautiverio bajo las "filosofías y vanas sutilezas" (2:8). El haber muerto al mundo en Cristo ha librado a los creyentes de tales **"principios elementales"**.

¿Por qué, como si aún vivieran en el mundo, se someten a ordenanzas como: "No uses ni gustes ni toques"?: El resumen continúa ahora pasando a lo que se dijo antes en este mismo capítulo acerca de "asuntos de comida o de bebida, o respecto a días de fiesta, lunas nuevas o sábados" (2:17).

22: TALES COSAS SON DESTINADAS A PERECER CON EL USO: Estas palabras pueden entenderse de dos maneras diferentes. Por una parte, pueden querer decir que todo en el mundo pasa; que todo se desgasta con el uso y a la postre desaparece. Pero también pueden querer decir que tales cosas están destinadas a ser consumidas; a perecer, no porque sean malas sino porque su propósito es que se haga uso de ellas. Lo más probable es que este sea el sentido de la aseveración que aquí se hace: las cosas a las que se refieren los versículos anteriores han sido producidas por Dios para ser usadas y consumidas, y no para que nos abstengamos de ellas. Esta segunda interpretación relaciona mejor lo que se dice con lo que precede: "No uses ni gustes ni toques", consejo o mandamiento al que la epístola se opone.

Pues son según los mandamientos de las doctrinas de hombres: Si la interpretación correcta del principio del versículo es la segunda de las dos mencionadas, el verbo "son" no tiene por sujeto las "cosas… destinadas a desaparecer" del principio del versículo, sino más bien las enseñanzas erradas a las que se refiere el versículo anterior. En tal caso, todo esto podría entenderse como sigue: « ¿Por qué, como si aún vivieran en el mundo, se someten a ordenanzas como: " No uses ni gustes ni toques "? Esas cosas (que algunos prohíben) han sido hechas para ser consumidas y desaparecer, pues (los consejos de abstenerse de ellas) son según los mandamientos y las doctrinas de hombres ».

23: DE HECHO, SEMEJANTES PRÁCTICAS TIENEN REPUTACIÓN DE SER SABIAS EN UNA CIERTA RELIGIOSIDAD: Todo este versículo, y su relación con lo que antecede, involucra complicadas cuestiones gramaticales, de modo que algunos intérpretes tratan de corregirlo diciendo que, en la tradición manuscrita, algo ha cambiado. Pero tales supuestas correcciones no tienen apoyo en los manuscritos existentes. Luego la traducción de la RVA, a la que corresponde también la mayoría de las otras traducciones castellanas, parece ser la mejor. El texto griego dice sencillamente "estas tienen reputación…". Los intérpretes tienen que decidir a qué se refiere el "estas". Lo más probable es que, como se traduce en la RVA, sean las **"prácticas"** que aparecen en los vv. 20b-21. En ese caso, lo que tiene reputación de sabiduría es el abstenerse de ciertas cosas que Dios ha hecho para que sean consumidas en su uso apropiado. Las palabras **"tienen reputación de ser sabias en cierta religiosidad"** también pueden traducirse por "tienen a la verdad cierta reputación de sabiduría, pues exigen cierta religiosidad…" (RVR). Otras traducciones dicen "tienen sin duda apariencia de sabiduría, con su afectada piedad" (NVI) o "tales cosas tienen una apariencia de sabiduría por su piedad afectada" (BJ).

Sea cual fuere la mejor traducción, resulta claro que aquí se está contraponiendo una falsa reputación de sabiduría (*sofia*) que es el reclamo de la "filo*sofía*" que, mediante falsos argumentos aparentemente sólidos, descarría a las personas.

... en la humillación y en el duro trato del cuerpo: La falsa filosofía a la que se opone la epístola es una filosofía de carácter ascético, en la que no gustar ni tocar viene a ser una virtud. Dentro de tal cuadro, la humillación y el maltrato del cuerpo se vuelven virtudes, olvidando que tanto el cuerpo como los alimentos son parte de la buena creación de Dios.

... pero no tienen ningún valor contra la sensualidad: La traducción de la RVR, "pero no tienen valor alguno contra los apetitos de la carne" es más literal, aunque el uso del lenguaje no sea el más común hoy. Ciertamente, una traducción literal con referencia a "la carne" no les comunicaría a muchos lectores contemporáneos lo que el pasaje quiere decir. Para Pablo, la "carne" no siempre es el cuerpo, sino más bien todo lo que en el ser humano hay de rebelión contra Dios; lo que le distancia de Dios. Por eso, posiblemente la mejor traducción sea la de la VP: "pues solo sirven para satisfacer los deseos puramente humanos". En conjunto, el versículo, a pesar de su confusa gramática, dice que las "prácticas" resumidas en los tres versículos anteriores, aunque parezcan sabias y religiosas por razón de su ascetismo, en realidad nada hacen para apartar al humano de todo lo que se interpone entre él y Dios.

3:1: SIENDO, PUES, QUE USTEDES HAN RESUCITADO CON CRISTO: Lo que Cristo ha hecho por los creyentes no es solamente morir en la cruz, sino también resucitar. En el centro mismo de la teología de esta epístola está la afirmación de la relación entre la muerte y resurrección de Jesucristo y la muerte y resurrección de los creyentes, ¡no solamente al fin de los tiempos, sino ya! Respecto a esto, cabe recordar lo que vimos en 1:12: que los colosenses "fueron sepultados juntamente con él en el bautismo, en el cual también fueron resucitados juntamente con él por medio de la fe en el poder de Dios". Esto puede sorprendernos, pero para comprender la epístola hay que considerarlo el centro de su mensaje. Los creyentes, al mismo tiempo que esperan una resurrección final en el cuerpo, ya **"han resucitado con Cristo"**. Ahora, en esta sección dedicada a la vida cristiana, toda esa vida se basa en el hecho de haber muerto y resucitado con Cristo. Veremos que se trata de una situación en la que los creyentes, porque han resucitado a nueva vida, no solamente murieron a la vieja, sino que también han de seguir muriendo constantemente a ella. Ese es el fundamento de la enseñanza práctica y moral del resto de la epístola.

busquen las cosas de arriba donde Cristo está sentado a la diestra de Dios: El imperativo **"busquen"** da a entender que, aunque ya los creyentes hayan resucitado a nueva vida, tienen que continuar buscando y siguiendo las consecuencias de esa resurrección en novedad de vida. Sobre ese buscar y sus consecuencias, lo que generalmente se llama el proceso de "santificación", debemos notar que la ética que se propone en el resto de la epístola se fundamenta no solamente en la muerte de Cristo, sino también y sobre todo, en su resurrección. Los cristianos han de buscar **"las cosas de arriba"**; y este buscar no se debe sencillamente a que el cielo sea mejor que la tierra, sino más bien a que es en ese **"arriba donde Cristo está sentado a la diestra de Dios"**. No se trata de un buscar **"las cosas de arriba"** porque, como dirían los gnósticos y otros personajes religiosos de la época, es en el cielo (o en el pleroma) donde está todo lo que es bueno, mientras la tierra y el mundo físico ofrecen todo lo contrario. En lugar de eso, esas **"cosas de arriba"** han de buscarse no por su propio valor intrínseco, sino porque es en ese arriba donde **"Cristo está sentado a diestra de Dios"**. Dicho de otro modo, lo que se busca en última instancia no son siquiera esas **"cosas de arriba"**, por buenas que sean, sino la unión con Cristo; unión que ya ha comenzado en la muerte y resurrección del bautismo, pero que todavía tiene que continuar en un proceso de santificación.

2: OCUPEN LA MENTE EN LAS COSAS ARRIBA, NO EN LAS DE LA TIERRA: Esto es una repetición pleonástica de lo que se acaba de decir en el versículo anterior.

3: PORQUE HAN MUERTO, Y SU VIDA ESTÁ ESCONDIDA CON CRISTO EN DIOS: Nótese que, en las palabras que anteceden, la resurrección para buscar novedad de vida se presentó como consecuencia de la resurrección con Cristo, mientras que ahora se vuelve al tema de la muerte, también junto a Cristo. Aunque, como la epístola misma ha dicho repetidamente, los creyentes han muerto y resucitado juntamente con Cristo, la vida resucitada **"está escondida con Cristo en Dios"**. Aunque ya hayan resucitado, los creyentes siguen participando en la vida común de la humanidad. No solamente tienen que seguir comiendo, trabajando y vistiendo, sino que también son parte de una sociedad en la que su novedad de vida, al mismo tiempo que producirá ciertos cambios que algunos puedan reconocer desde fuera, no será totalmente visible. Está **"escondida con Cristo en Dios"**.

4: Y CUANDO SE MANIFIESTE CRISTO, LA VIDA DE USTEDES, ENTONCES TAMBIÉN USTEDES SERÁN MANIFESTADOS CON ÉL EN GLORIA: Lo que está "escondido" es la gloria del día final. Ciertamente, la novedad de vida se manifestará en todo lo que la epístola recomienda respecto a la vida de los cristianos y su relación mutua. Tal cosa bien podrán verla los no creyentes, y por ese medio recibir testimonio del poder restaurador de Cristo. Pero lo que no verán, y lo que los mismos creyentes tampoco experimentan todavía, es la gloria de Cristo y su manifestación plena en quienes forman parte de ese cuerpo suyo que es la iglesia.

Estos cuatro versículos (3:1-4) aparecen inmediatamente después de rechazar la idea de que la vida verdaderamente religiosa consiste en dejar de disfrutar, tocar o usar lo que Dios ha hecho. La verdadera religión, la verdadera santificación, no está en una vida de humillación servil o de recio ascetismo, sino más bien en la experiencia de nueva vida basada en la unión con el Cristo resucitado, y en la esperanza de una manifestación aún mayor de esa nueva vida y de esa unión.

5: POR LO TANTO, HAGAN MORIR LO TERRENAL EN SUS MIEMBROS: Volvemos aquí al tema de la muerte y de una nueva vida en Cristo. Estas palabras dan a entender que, aunque los creyentes ya han muerto con Jesucristo, todavía tienen que continuar en un proceso, en un hacer **"morir lo terrenal en sus miembros"**. Esto es una reiteración de lo que se dijo antes (3:1), que los creyentes han de buscar "las cosas de arriba". No se dice, como algunos cristianos han pretendido en diversos tiempos, que hagan morir sus miembros, que se deshagan de la vida física o del buen uso de los dones físicos de Dios, sino más bien que se deshagan de lo que en ellos haya que sea **"terrenal"**. Aquí se contrasta lo **"terrenal"** con "las cosas de arriba, donde Cristo está sentado a la diestra de Dios". Si se tratara de un llamado a la vida ascética, se haría una lista de cosas supuestamente terrenales de las que habría que abstenerse; generalmente cosas que puedan producir placer, pues se trata de una religiosidad en la que se pretende servir a Dios, como dice el versículo 23, mediante "la humillación y en el duro trato del cuerpo". Eso sería una religiosidad del "No uses ni gustes ni toques" (2:21). Que no se trata de esa religiosidad ascética se ve claramente en las palabras que siguen.

inmoralidad sexual, impureza, bajas pasiones, malos deseos y la avaricia, que es idolatría: La lista no pretende ser completa. Su propósito no es clasificar los males, sino más bien exhortar contra ellos. Por esa razón, hay acciones y actitudes que se pueden clasificar bajo más de una de las cosas que aquí se rechazan. Por ejemplo, ciertas acciones pueden ser a la vez **"inmoralidad sexual, impureza, bajas pasiones y malos deseos"**. Esto se ve claramente al estudiar cada uno de los elementos en esta lista. La **"inmoralidad sexual"** (que la RVR y otras versiones traducen como "fornicación") no se define estrictamente. La palabra griega *porneia* que aquí se emplea es una de las raíces de nuestra palabra castellana "pornografía". En griego, se emplea para referirse tanto a la prostitución como a toda otra relación sexual ilícita. La **"impureza"** (*akatharsian*) tiene en griego las mismas raíces que en castellano. El prefijo griego "*a*" corresponde al nuestro "im"; y la "*katharsis*" griega quiere decir limpieza o pureza. Al igual que nuestra palabra castellana, la griega tiene amplios alcances. Bien podría entenderse como la necesidad de cumplir las leyes judías de pureza. Pero esto incluiría lo que antes se rechaza en cuanto a "asuntos de comida o de bebida, o respecto a días de fiesta, lunas nuevas o sábados" (2:16). Ciertamente incluye la **"inmoralidad sexual"** que ya se ha mencionado, lo cual muestra que no se trata aquí de una lista de prácticas o de actitudes que han de morir, sino más bien de una descripción general de lo que los creyentes han de rechazar según buscan "las cosas de arriba". Las **"bajas pasiones"**, al igual que la "impureza", bien pueden incluir una multitud de diversos vicios. En griego son una sola palabra, *pathos*, que sencillamente quiere decir "pasiones". Por sí sola, esta palabra podría entenderse de tal manera que contradijera lo que se ha dicho antes, como si la pasión y el sentimiento fueran en sí mismos malos. Había en la antigüedad, y han existido a través de toda la historia, enseñanzas tanto filosóficas como religiosas que pretendían que cualquier sentimiento o pasión es necesariamente malo. Muchos empleaban el contraste entre el sentimiento y la razón como un modo de entender la diferencia entre el bien y el mal. Pero el pasaje que estudiamos no se refiere a eso. Dado el contexto, hace bien la RVA en añadirle el adjetivo "bajas", así como la RVR le añade el otro adjetivo "desordenadas". No se trata de cualquier sentimiento o pasión, sino de aquellos que son bajos o desordenados. Esto lo corrobora la próxima frase: **"malos deseos"**, que son una repetición de lo anterior. El adjetivo **"malos"** les recuerda a los lectores que no todos los deseos son malos. Lo mismo puede decirse acerca de los sentimientos y las pasiones. La **"avaricia"** se explica por sí misma, y el llamarla también **"idolatría"** muestra que no se trata solamente de un pecado contra las personas a quienes se priva de algo por avaricia, sino también contra Dios mismo, pues hace de lo que se desea un dios. Algunos intérpretes ven esta relación entre la avaricia y la idolatría en dirección opuesta, señalando que la idolatría misma es señal de avaricia, pues en ella se les pide a los ídolos que le den a quien pide más de lo que Dios le ha dado y, por tanto, se niega la existencia única de Dios y su gobierno sobre todo cuanto hay.

6: A CAUSA DE ESTAS COSAS VIENE LA IRA DE DIOS SOBRE LOS REBELDES. EN ELLAS ANDUVIERON TAMBIÉN USTEDES EN OTRO TIEMPO CUANDO VIVÍAN ENTRE ELLOS: El resultado de las actitudes que se acaban de describir es la ira de Dios. Aquí, el verbo "venir" en la frase **"viene la ira de Dios"** puede entenderse, al igual que en castellano, no solamente diciendo lo que ya acontece en el presente, sino refiriéndose también al futuro, como cuando alguien dice "voy a molestarme", al mismo tiempo que sugiere su ira presente, señala más bien hacia una ira futura.

7-8: EN ELLAS ANDUVIERON TAMBIÉN USTEDES EN OTRO TIEMPO CUANDO VIVÍAN ENTRE ELLOS. PERO AHORA, DEJEN TAMBIÉN TODAS ESTAS COSAS: IRA, ENOJO, MALICIA, BLASFEMIA Y PALABRAS GROSERAS DE LA BOCA: Una vez más aparece aquí el contraste entre el "otro tiempo" y el "ahora". Todo gira en torno al cambio radical de haber muerto y resucitado con Jesucristo. La lista que sigue, como la que aparece en el v. 5, no es en realidad un intento de clasificar todas las actitudes y prácticas que los creyentes han de dejar. En nuestra lengua, las palabras **"ira"** y **"enojo"** tienen prácticamente el mismo significado. Lo mismo acontece normalmente en griego. Pero algunos comentaristas señalan que había en la antigüedad quienes distinguían entre la **"ira"**, que era la reacción momentánea ante algo desagradable, y el **"enojo"**, que era una actitud continuada. Todo esto llevaba a la **"malicia"**, en la que el enojo se tornaba mala voluntad. Según esa interpretación, ese proceso, que primero va de la "ira" al "enojo" y después a la "malicia", por último lleva a la **"blasfemia"** (que también puede traducirse como maledicencia contra otra persona) y a las **"palabras groseras"** o insultantes. En todo caso, resulta interesante notar que, poco antes, la epístola acaba de referirse a la "ira de Dios", y ahora dice que quienes han resucitado con Cristo han de dejar la **"ira"** contra los demás. En cierto modo, esto nos recuerda las palabras de la Oración del Señor: "Perdónanos nuestras deudas, así como nosotros perdonamos a nuestros deudores". La experiencia de verse librado de la ira de Dios debe también librar al creyente de la ira contra los demás.

9: NO SE MIENTAN LOS UNOS A LOS OTROS: La lista de vicios o actitudes impropias del versículo anterior termina con dos referencias al habla: "blasfemia" y "palabras groseras". Ahora, las amonestaciones continúan con otra advertencia que se refiere mayormente al habla: el mentir. La exhortación a no mentir nada tiene de particularmente cristiano, pues era parte de la ética común de la época, como lo es hoy. Pero inmediatamente se da una razón particularmente cristiana:

9-10: porque se han despojado del viejo hombre con sus prácticas y se han vestido del nuevo: el **"porque"** indica la razón por la que no se debe mentir. No se trata sencillamente de que la mentira sea un vicio reconocido por toda la sociedad, aunque muchos lo practiquen. Se trata más bien de la muerte y resurrección de los creyentes en virtud de su bautismo, que les une a la muerte y resurrección de Cristo. Hubo una práctica en los ritos bautismales antiguos que nos ayuda a entender el posible significado de estas palabras. Aunque no es posible saber si tal práctica existía cuando la epístola fue escrita, sí sabemos que existía poco más tarde. Esa práctica era la costumbre de desvestirse antes de entrar a las aguas bautismales, y vestir una nueva túnica blanca al salir de ellas. (Es posible que el Apocalipsis se refiera a esto en 3:4-5, 18; y 6:11. El blanco no era señal de pureza, como lo es para nosotros hoy, sino más bien de victoria, pues en sus marchas triunfales los vencedores siempre iban vestidos de reluciente blanco.) Sea que lo que estamos estudiando ahora en Colosenses refleje lo que ya se hacía en el bautismo, o sea lo contrario, es decir, que pasajes como este más tarde llevaron a la costumbre de ponerse vestiduras nuevas al salir de las aguas bautismales, no cabe duda de que lo aquí se dice se relaciona con el bautismo.

El contraste entre el **"viejo hombre"** y el **"nuevo"** no quiere decir únicamente que la persona haya cambiado en sus actitudes. El **"viejo hombre"** murió en el bautismo, y ahora está vestido del **"nuevo"**. Puesto que el viejo hombre murió juntamente con Cristo, y también juntamente con Él ha resucitado, ese nuevo hombre merece un respeto semejante al de Cristo mismo. El que un miembro de la iglesia le mienta a otro resulta ser entonces cuestión mucho más seria que cualquier mentira en el mundo secular. Se trata más bien de que, al mentir, quien ha muerto en Cristo y resucitado con Él niega el poder de esa muerte y resurrección en sí mismo; pero también peca contra el "nuevo hombre" de la otra persona, a quien miente. Además, debemos recordar todo lo que se ha dicho antes acerca de la iglesia como cuerpo de Cristo. Quien miente peca no solamente contra la otra persona, sino también contra ese cuerpo y contra su Cabeza, que no es otra que Cristo mismo.

... el cual se renueva para un pleno conocimiento conforme a la imagen de aquel que le creó: Lo que antecede acerca de la mentira reafirma lo que se dijo antes en el sentido de que, quien ha muerto en Cristo, tiene que continuar buscando "las cosas de arriba" y haciendo "morir lo terrenal". Una vez más, la muerte y resurrección que tienen lugar en el bautismo no son el fin de la jornada, aunque en cierto sentido se pueda hablar de ellas como hechos consumados. Son más bien el sello de una promesa que le va dando forma a la vida, sabiendo que, a la postre, la promesa se cumplirá en plenitud.

Aquí aparece una vez más la palabra **"imagen"**. Hemos visto anteriormente (1:15) que Cristo es la imagen de Dios. Ahora se nos dice que somos "imagen" de Cristo. Cuando pecamos contra un hermano o hermana en la iglesia, pecamos contra Cristo, cuya imagen se supone que reflejemos. Y, cuando alguien peca contra nosotros, peca también contra Cristo, cuya imagen somos.

El **"pleno conocimiento"** es la *epignōsis*, que ya se ha discutido al estudiar lo que se dice en 1:9. Allí se presenta como un motivo de oración de Pablo y sus acompañantes a favor de los colosenses. Aquí se exhorta a esos mismos colosenses a seguir un camino que lleva precisamente a ese pleno conocimiento o *epignōsis*. Una vez más, el conocimiento al que la epístola se refiere no es alguna doctrina secreta, como en el caso de los gnósticos o de algunas de las religiones circundantes, sino más bien el resultado de un proceso de formación del creyente, quien ha muerto y resucitado juntamente con Cristo y va creciendo **"conforme a la imagen de aquel que le creó"**.

11: AQUÍ NO HAY GRIEGO NI JUDÍO, CIRCUNCISIÓN NI INCIRCUNCISIÓN, BÁRBARO NI ESCITA, ESCLAVO NI LIBRE, SINO QUE CRISTO ES TODO Y EN TODOS: Lo que la RVA traduce por **"aquí"**, la RVR traduce más literalmente por "donde". Esta última traducción, aunque más difícil de entender, probablemente refleje con mayor claridad lo que el autor quiere decir. **"Aquí"** da a entender que se trata de la iglesia; es decir, que en la iglesia no hay tales distinciones. No cabe duda de que eso es parte de lo que la epístola se propone afirmar. Si decimos "donde", y recordamos que este versículo es continuación del anterior, lo que el pasaje quiere decir es que ni en Cristo ni en "aquel que lo creó" hay las distinciones que se describen a continuación. Entonces, no se trata sencillamente de que en la iglesia no debería haber "griego ni judío" ni "esclavo ni libre", sino que tales cosas no son aceptables en la iglesia porque no existen en este Cristo en quien la iglesia está. La iglesia tiene que evitar tales distinciones, no solamente porque menoscaban el valor de otros, sino también porque no reflejan la realidad de Dios.

Estas palabras inmediatamente nos recordarán las que aparecen en Gálatas 3:28: "Ya no hay judío ni griego, no hay esclavo ni libre, no hay varón ni mujer; porque todos ustedes son uno en Cristo Jesús". Ambos pasajes juntos se enriquecen y aclararan mutuamente. La frase **"no hay griego ni judío"** es exactamente la misma que aparece en Gálatas, aunque en el orden inverso: "ya no hay judío ni griego". Las palabras en Colosenses, **"circuncisión ni incircuncisión"**, prácticamente repiten lo mismo que lo anterior. La frase **"bárbaro ni escita"** en Colosenses es un modo de ampliar el alcance étnico de la afirmación, aunque en este caso, a diferencia de los otros, las dos palabras (**"bárbaro"** y **"escita"**) no son dos posibles polos de distinción, sino que en cierto modo se repiten y refuerzan mutuamente. (Aunque los escitas eran una tribu nómada aparentemente procedente de las cercanías de Persia, en la antigüedad los griegos y romanos frecuentemente les daban ese nombre a los menos civilizados entre los que llamaban "bárbaros".) El binomio **"esclavo ni libre"** aparece en ambas cartas. Finalmente, el "no hay varón ni mujer" de Gálatas no aparece en Colosenses. Esto puede extrañarnos; pero muestra que, en realidad, el autor no pretende dar una lista completa de todas las distinciones borradas en Cristo, sino que su aseveración es mucho más abarcadora: todo lo que divide a los seres humanos ha quedado anulado en Cristo. Lo mismo puede decirse acerca de la otra diferencia entre los pasajes en Gálatas y en Colosenses, pues la primera dice que todas esas distinciones han sido anuladas "porque todos ustedes son uno en Cristo Jesús", mientras Colosenses dice que **"Cristo es todo y en todos"**. Esas dos frases ligeramente diferentes apuntan a lo mismo: la unidad en Cristo Jesús. El texto en Colosenses es característico del énfasis de esta epístola en el alcance cósmico de Cristo. No es solamente que somos "uno en Cristo Jesús" porque participamos de una experiencia y una fe común, sino también que somos uno, que en cierto sentido toda la creación está llamada a la unidad y la armonía, porque **"Cristo es todo y en todos"**.

12: POR TANTO – COMO ESCOGIDOS DE DIOS, SANTOS Y AMADOS, VÍSTANSE: Todo lo que sigue de aquí en adelante es consecuencia de lo que se ha dicho antes. De ahí el **"por tanto"**. Pero, aunque Cristo sea "todo y en todos", en este mundo que es creación suya y que por tanto le debe a Él la existencia, todavía persisten conflictos, divisiones y rencillas. Por eso es importante destacar que se espera que quienes lean esta carta se cuenten entre los **"escogidos de Dios, santos y amados"**. Sin eso, todas las buenas características, actitudes y acciones que se recomiendan seguidamente podrán ser buenas, pero no alcanzan su plenitud por no estar fundamentadas en una relación con este Cristo que es todo. Es necesario insistir en que, aquí, el ser **"santos"** no se debe a una virtud especial por parte de los creyentes, sino a la gracia de Dios. Por eso son **"santos y amados"**, son santos porque Dios les ama. El **"vístanse"** nos recuerda lo que se acaba de decir respecto a los vv. 9-10. Si en la muerte y resurrección con Jesucristo en el bautismo los creyentes se han despojado del ser humano viejo y se han vestido del nuevo, esto tiene que verse en su vida cotidiana, particularmente en sus relaciones mutuas, que será el énfasis de buena parte de lo que sigue.

... de profunda compasión, de benignidad, de humildad, de mansedumbre y de paciencia: Una vez más, nos encontramos con una lista que no es en realidad una enumeración de cosas diferentes, sino diversos modos de ver una misma realidad. Acabamos de ver algo parecido en los vv. 5 y 8, aunque allí la lista era negativa mientras que aquí es positiva. Cada una de aquellas dos listas negativas tenía cinco miembros: la primera, "inmoralidad sexual, impureza, bajas pasiones, malos deseos y avaricia"; la segunda, "ira, enojo, malicia, blasfemia y palabras groseras". Ahora, esta lista positiva también tiene cinco miembros, pues los creyentes han de vestirse **"de profunda compasión, de benignidad, de humildad, de mansedumbre y de paciencia"**. Como en aquellas dos listas, así también en esta es difícil distinguir entre cada una de las cinco actitudes que se recomiendan. Tanto en los Evangelios como en las epístolas paulinas y en todo el resto del Nuevo Testamento vemos, por una parte, que Jesús es ejemplo de todas estas actitudes, y por otra, que los cristianos han de seguirle en todas ellas.

13: SOPORTÁNDOSE LOS UNOS A LOS OTROS Y PERDONÁNDOSE LOS UNOS A LOS OTROS CUANDO ALGUIEN TENGA QUEJA DEL OTRO: El "soportar" (*anejō*) se distingue ligeramente del "perdonar" (*jarizomai*). El primero se refiere generalmente a una actitud continuada, como cuando se "soporta" el malhumor de alguna persona, o sus malas costumbres. El último se refiere generalmente a una acción de perdón. Por su raíz, conlleva la idea de dar ese perdón gratuitamente. El **"queja del otro"** puede referirse tanto al soportar como al perdonar; pero la construcción gramatical da a entender que se refiere más bien a lo último.

... De la manera que el Señor los perdonó, así también háganlo ustedes: Por segunda vez en esta epístola (aunque ahora más claramente que en 3:8-9) se nos recuerda la petición en la Oración del Señor: "perdónanos... así como nosotros perdonamos".

14: PERO SOBRE TODAS ESTAS COSAS, VÍSTANSE DE AMOR: Aquí aparece una vez más la idea de vestir, que ha ido apareciendo repetidamente en el curso de nuestro análisis, y que frecuentemente se relaciona con el bautismo. Esta idea de que hay que vestirse de amor sobre todas las otras cosas nos recuerda lo que dice Pablo en 1 Corintios, donde, tras discutir la diversidad de dones, termina el capítulo 12 diciendo: "Y ahora les mostraré un camino todavía más excelente". Ese "camino más excelente" es el bien conocido elogio del amor en 1 Corintios 13. Aquí, tras hacer una lista de actitudes que son parte de la vida cristiana, la epístola dice: **"Pero sobre todas estas cosas, vístanse de amor"**. Si en 1 Corintios el amor sobrepasa todos los dones, aquí sobrepasa todas las virtudes.

... que es el vínculo perfecto: Esto amerita cierta aclaración. Frases tales como "vínculos de amor" o "lazos de amor" son comunes. Por lo general, se refieren a los sentimientos mutuos entre dos o más personas. Pueden ser dos enamorados que se miran arrebolados. En tal caso, el "vínculo" es el sentimiento mutuo, y basta con que una persona cambie de sentimientos para romper el vínculo. También en la iglesia decimos que tenemos "vínculos de amor", queriendo decir que tenemos buenos sentimientos comunes, que nos gusta estar juntos y que nos ayudamos mutuamente. Todo eso es bueno; pero lo que aquí se traduce por **"el vínculo perfecto"** es mucho más que eso. La palabra "vínculo" señala una realidad que va mucho más allá de los meros sentimientos. El diccionario de la Real Academia Española indica que un vínculo es una "unión o atadura de una persona o cosa con otra". Y añade, como segundo sentido de la palabra, que es una "sujeción de los bienes, como prohibición de enajenarlos, a que sucedan en ellos los parientes por el orden que señala el fundador". La palabra latina *vinculum*, de donde se deriva la nuestra, tenía ese sentido de obligación o atadura inexorable, de encadenación. Lo mismo es cierto de la palabra griega (*syndesmos*) que aquí se traduce por "vínculo", pero que aparece también en Hechos

8:23, donde Pedro le dice a Simón que está en "*cadenas* de maldad". Con igual fuerza, pero en sentido positivo, encontramos la misma palabra en Efesios 4:3: "el *vínculo* de la paz" (énfasis del autor). Y en Colosenses 2:19, al referirse a la iglesia como un cuerpo "nutrido y unido por coyunturas y *ligamentos*" (énfasis del autor), los "ligamentos" son la misma palabra que en el pasaje que estamos estudiando y que aquí se traduce como "vínculo" de amor. En resumen, cuando aquí se habla del "amor" como un "vínculo" no se trata sencillamente de un sentimiento o una atracción mutua. Se trata de una relación tan ineludible e inescapable como una cadena o como los ligamentos del cuerpo. El brazo está unido al resto del cuerpo por una serie de ligamentos. Si estos se rompen, el brazo no puede continuar funcionando por cuenta propia. Algo semejante sucede con el "vínculo de amor" que aquí se nos encomienda. Lo que es más, la palabra que se traduce por "perfecto" no quiere decir únicamente que sea completamente bueno, sino también que es el mayor y más poderoso de los vínculos. Este amor es vínculo perfecto no solamente en el sentido de ser mejor que todo otro vínculo, sino también en el sentido de ser el más fuerte, y por tanto ineludible, de los vínculos. El amor entre los creyentes no es entonces una opción, ni es tampoco un sentimiento amistoso, sino más bien un vínculo inescapable que nos une. Sin él, dejamos de ser verdaderos miembros de este cuerpo unido por sus vínculos o ligamentos de amor.

15: Y LA PAZ DE CRISTO GOBIERNE EN SU CORAZÓN, PUES EN ELLA FUERON LLAMADOS EN UN SOLO CUERPO, Y SEAN AGRADECIDOS: Este versículo parece casi una bendición final, como si la carta estuviera a punto de terminar. Aunque repetidamente se habla de la paz que Cristo trae, la frase misma, **"la paz de Cristo"** solamente aparece aquí en todo el Nuevo Testamento, aunque sí aparece la frase "la paz de Dios" en Filipenses 4:7. Esa paz ha de gobernar. Esta es una traducción literal y correcta. No se trata sencillamente de un sentimiento que buscamos, sino que se trata más bien de lo que reina o gobierna. Ese gobierno tiene lugar **"en su corazón"**. Una traducción más literal es la de la RVR: "gobierne en vuestros corazones", pues en griego se usa el plural "corazones". En todo caso, también es importante entender que, para los antiguos, el corazón no era, como para nosotros hoy, solamente símbolo o asiento de las emociones, sino también el centro de los pensamientos y de la voluntad. En otras palabras, al hablar del "corazón" de una persona se refería a la interioridad de esa persona como un todo: mente, sentimientos y voluntad.

... pues a ella fueron llamados en un solo cuerpo: Estas palabras pueden entenderse tanto en el sentido de que fueron llamados a formar un cuerpo, como el de que fue en ese cuerpo que se les llamó. Lo más probable es esto último.

16: LA PALABRA DE CRISTO HABITE ABUNDANTEMENTE EN USTEDES, ENSEÑÁNDOSE Y EXHORTÁNDOSE LOS UNOS A LOS OTROS EN TODA SABIDURÍA: Esto continúa el tema del versículo anterior, en el que se trata del gobierno de la paz sobre los corazones de los creyentes. Ahora se pasa al tema de **"la palabra de Cristo"**, el medio por el que Cristo gobierna el corazón. Pero este tener la palabra dentro del creyente no es cuestión privada, o palabra que el creyente descubra por cuenta propia, sino que es más bien una acción recíproca y comunitaria, puesto que son "los unos a los otros" quienes han de enseñarse y exhortarse mutuamente. De manera muy diferente a lo que ha acontecido después, aquí no se piensa que haya una persona que tenga autoridad para enseñar a todos los demás y regir sobre todos los temas, sino más bien que hay una reciprocidad en la exhortación y la enseñanza. Aquí, todos son maestros y todos son discípulos, o más bien, todos aprenden y enseñan simultáneamente; y también simultáneamente todos exhortan y reciben exhortación. La "sabiduría" en la que han de enseñarse y amonestarse mutuamente los cristianos es la misma a la que nos hemos referido anteriormente.

... con salmos, himnos y canciones espirituales, cantando con gracia a Dios en su corazón: Es imposible saber si las palabras **"salmos, himnos y canciones espirituales"** se refieren a tres tipos diferentes de poesía o de cántico, o son sencillamente otro de esos casos, tan comunes en esta epístola, en los que se usan varias palabras semejantes para que el cuadro sea más completo. Tampoco es posible saber si el nombre de "salmos" se refiere únicamente a los de la Biblia hebrea, o si se incluyen también aquí otros cánticos compuestos por los creyentes mismos. En 1 Corintios 14:26 se da a entender que, en ocasiones, se daba el nombre de "salmos" a cánticos aparentemente compuestos, o al menos sugeridos, por los creyentes mismos: "cuando se reúnen, cada uno de ustedes tiene un salmo, o una enseñanza, o una revelación, o una lengua…". Posiblemente, algunos de los himnos que los cristianos cantaban se encuentren todavía en el Nuevo Testamento. Algunos de estos pueden ser los que aparecen en los primeros capítulos de Lucas, y que hoy reciben el nombre de sus primeras palabras en la traducción latina tradicional, como el *Magnificat* (Lc 1:46-55), el *Benedictus* (Lc 1:68-79), el *Gloria in excelsis* (Lc 2:14) y el *Nunc dimitis* (Lc 2:29-32). Además, ya hemos señalado que en la epístola que estamos estudiando hay porciones que parecen citas de himnos que la congregación conocería, lo cual es también cierto del himno que aparece en Filipenses 2. También sabemos que, al menos entre algunos, había la costumbre de cantar los salmos antifonalmente. En cuanto a la música que los acompañaba, aunque ciertamente se cantaba, lo que se sabe es poco o nada.

con gracia a Dios en su corazón: La frase **"gracia a Dios"** no es un error de imprenta. Al igual que en castellano, en griego hay una relación verbal entre el sustantivo "gracia" (*jaris*) y el verbo "dar gracias" (*eujaristō*). El cantar **"con gracia a Dios"** quiere decir cantar con un espíritu agradecido, dando gracias a Dios. La RVR es más literal al referirse a "vuestros corazones" en lugar de "su corazón", como la RVA.

17: Y TODO LO QUE HAGAN…: Este versículo resume lo que se ha dicho hasta aquí acerca de la nueva vida en Cristo. Puesto que es imposible dar instrucciones detalladas para toda posible circunstancia, ese resumen establece el principio fundamental de la ética cristiana: que **"todo"** lo que se haga debe ser hecho **"en el nombre del Señor Jesús, dando gracias a Dios Padre por medio de él"**. Nada queda fuera de ese **"todo"**, ya sea algo que se diga o alguna acción que se tome: **"todo lo que hagan, sea de palabra o de hecho"**. Hacer o decir algo **"en el nombre"** de Jesús no significa que haya que mencionar ese nombre a cada paso, o que al hacer algo se deba decir "en el nombre de Jesús". Ciertamente, hay momentos apropiados para usar tales palabras. Uno de ellos se encuentra en Hechos 3:6, donde Pedro le dice al paralítico: "En el nombre de Jesucristo de Nazaret, ¡levántate y anda!" Pero el nombre es mucho más que la palabra misma o su sonido. Para los antiguos, el nombre resumía y representaba todo que una persona era y hacía. Luego el hacerlo todo **"en el nombre"** de Jesús quiere decir hacerlo todo en su presencia y su servicio. De igual manera, todo ha de hacerse en gratitud a Dios, pues el **"todo"** que inicia el versículo incluye no solamente hacer las cosas en el nombre de Jesús, sino también "dando gracias a Dios Padre por medio de él". Por tanto, todo lo que se diga o se haga ha de ser hecho o dicho de tal manera que represente a Jesús mismo, y con constante gratitud a Dios.

3:18 – 4:1: "ESPOSAS... ESPOSOS... HIJOS... PADRES... SIERVOS... AMOS: En lo que antecede se ha hablado de las relaciones entre los creyentes en términos generales, no mintiéndose los unos a los otros, perdonándose mutuamente. Aquí, la epístola pasa al tema más concreto de las relaciones entre creyentes que pertenecen a distintos rangos en la sociedad. Esta sección de la epístola tiene paralelismos en otros pasajes del Nuevo Testamento: Efesios 5:21–6:9, 1 Timoteo 2:8-15 y 6:1 y 1 Pedro 2:18–3:7. La semejanza entre estos pasajes ha llevado a algunos a sugerir que había una especie de "legislación familiar" que circulaba en la iglesia. Esa semejanza se nota particularmente entre el pasaje que ahora estudiamos y los que aparecen en Efesios y en 1 Pedro. En Efesios, todo se introduce con el sometimiento mutuo ("sometiéndose unos a otros en el temor de Cristo", 6:21) para después pasar a los mismos tres pareados de personas desiguales que aparecen en Colosenses. En 1 Pedro, la "legislación familiar" va precedida de una sección en la que se trata del lugar y las actitudes de los cristianos en medio de la sociedad (1 P 2:12-17). Allí los pareados son diferentes, pues se les dice mucho a los siervos pero nada a los amos, y hay palabras dirigidas a las mujeres y otras a los maridos, pero nada se dice acerca de la relación entre padres e hijos. En resumen, la "legislación familiar" que más se parece a la de Colosenses es la de Efesios. Esto no ha de sorprendernos, pues repetidamente vemos paralelismos entre esas dos epístolas.

La legislación familiar en Colosenses es relativamente breve, pues es solamente a los siervos o esclavos a quienes se les da instrucciones algo más detalladas. Esto parece dar entender que entre los cristianos a quienes se dirige la epístola habría un buen número de siervos; pero al respecto solamente se pueden hacer conjeturas.

Para entender tal legislación familiar hay que tener alguna idea de las desigualdades a las que se refiere. Las leyes romanas respecto al matrimonio eran complejas, pues había al menos tres clases diferentes de matrimonios legales. En su forma más tradicional, antes de casarse toda mujer estaba bajo la potestad del "padre de familia": *paterfamilias*. Al casarse, la mujer caía bajo la patria potestad de la familia del esposo. En caso de divorcio, la mujer volvía a la patria potestad de su familia original. En resumen, toda mujer estaba siempre bajo la potestad legal de un varón. Si cometía adulterio, había diversas formas de castigo. Aunque se prohibía la poligamia, un varón casado podía tener concubinas sin sufrir mayores consecuencias.

Si pasamos a la cuestión de la relación entre los hijos y sus padres, hay que tener en cuenta que legalmente el padre de la familia, *paterfamilias*, no era sencillamente quien había procreado hijos, sino que era el varón adulto que encabezaba una familia extensa. Al hablar de "familia", los antiguos no se referían, como hoy, a la familia típica de los padres y algunos hijos, sino a todas las personas bajo la cabeza de un mismo varón. Esto incluía no solamente a los parientes del padre de familia, sino también a sus esclavos y toda otra persona que dependiera de ese mismo **paterfamilias**. Este personaje tenía el derecho de gobernar buena parte de la vida de todas las personas supeditadas a él, aunque fueran adultas. Luego cuando aquí se habla de **"padres"** e **"hijos"**, no se está refiriendo necesariamente a un adulto que cuida de unos niños y adolescentes, como sería el caso hoy **día**. Los "hijos" que han de someterse al "padre" bien pueden ser adultos casados y con hijos, o hasta nietos. Lo que es más, con ciertas excepciones, las propiedades de cualquiera en la familia quedaban bajo la posesión y dirección del **paterfamilias**.

En cuanto a los esclavos y los amos, no hay mucho que añadir. Es una relación de extrema desigualdad en la que el amo tiene una potestad casi absoluta sobre el siervo o esclavo, quien es su propiedad y, por tanto, está sujeto a toda suerte de abusos y castigos, y a ser vendido a otro propietario.

Es importante entender las diferencias entre los tiempos antiguos y la situación actual en muchas sociedades modernas, pues de otro modo el pasaje que ahora estudiamos parece reaccionario, mientras dentro de su contexto era todo lo contrario. Esto se ve, por ejemplo, en el caso de las **"esposas"** y sus **"esposos"**. Lo que se les recomienda a las esposas no es sino lo que la sociedad requería de ellas, es decir, estar sujetas a sus esposos. En contraste, lo que se les recomienda a los esposos va más allá de lo que la ley requería, y para muchos podría ser novedoso: **"amen a su esposa y no se amarguen con ella"**. Algo semejante sucede con el pareado entre los **"padres"** y los **"hijos"**. A estos últimos solamente se les recomienda lo que ya sabían que era su obligación legal ante sus padres: **"obedezcan a sus padres en todo"**. A los padres se les manda lo que la ley no requiere: que **"no irriten a sus hijos, para que no se desanimen"**. El verbo que aquí se traduce como "irritar" bien podría traducirse por "provocar", lo cual puede tener un sentido tanto positivo como negativo. En 2 Corintios 9:2 se traduce el mismo verbo en ese otro sentido positivo: "el celo de ustedes *ha servido de estímulo* para muchos" (énfasis del autor). El otro verbo, que se traduce como "desanimar", tiene también la connotación de volverse tímido. El padre que maltrata a sus hijos puede volverles tímidos.

Esos primeros dos pareados (esposas y esposos, hijos y padres) son extremadamente breves. Pero, al llegar al tema de los siervos y los amos, lo que se dice acerca de los siervos se prolonga. Esto bien puede deberse a que en la iglesia había un buen número de esclavos o personas sujetas a alguna forma de servidumbre, y pocos amos. Sabemos al menos de un amo en la iglesia en Colosas: Filemón, a quien Pablo escribió una breve carta instruyéndole que recibiera al esclavo fugitivo Onésimo "como a mí mismo" (Flm 17). Al igual que a las esposas ("estén sujetas a su esposo") y a los hijos ("obedezcan a sus padres"), se encomienda a los siervos que hagan lo que la ley requiere: **"obedezcan en todo a sus amos humanos"**. Al llamar a estos amos **"humanos"** se está afirmando que tienen un amo celestial, y tácitamente se les recuerda que ese amo celestial está por encima tanto de ellos mismos como de sus amos terrenales. Los amos también tienen amo. Los esclavos han de ser serviciales incluso aparte de la mirada o supervisión del amo: **"no sirviendo solo cuando se les está mirando"**. Esto se debe a que el esclavo no está sirviendo únicamente a su amo, sino que también está sirviendo al Señor. Su sujeción al amo también es en realidad un modo de estar sujeto a Dios. Por eso se les exhorta a que **"todo lo**

que hagan, háganlo de buen ánimo como para el Señor y no para los hombres, sabiendo que del Señor recibirán la recompensa de la herencia". Y todo esto lleva a la conclusión de que, aunque quizá el amo piense que le están sirviendo a él, en realidad **"¡A Cristo el Señor sirven!"** Al mismo tiempo que esto recomienda una sujeción que hoy sería inconcebible, les recuerda a los siervos que ellos también tienen un amo que posiblemente su amo humano no conozca, pero que está por encima del amo que posiblemente les explote y abuse de ellos. En aquella situación de extrema desigualdad, bien podemos imaginar a un esclavo inclinándose ante su amo sin que este pudiera soñar que en realidad se estaba inclinando ante el amo celestial. Y, para dejar bien claro que esto no quiere decir que cualquier injusticia por parte del amo no será castigada, la amonestación a los siervos termina con palabras que también se han de aplicar a los amos: **"el que comete injusticia recibirá la injusticia que haga, porque no hay distinción de personas"**. Entonces, aunque las relaciones sean desiguales en el ámbito de la vida cotidiana, toda desigualdad injusta, o todo uso injusto de la desigualdad social, recibirá la recompensa debida.

Por último, llegamos a las palabras que se dirigen a los amos: **"hagan lo que es justo y equitativo con sus siervos"**. Son palabras que hoy nos parecen demasiado débiles, pero que en aquellos tiempos llamaban a los amos a la idea insólita de tener que practicar justicia y equidad con sus siervos. Y se da una razón para esto. La razón es que ellos **"también tienen un amo en los cielos"**. En otras palabras, los amos son siervos o esclavos de un amo que comparten con sus propios siervos o esclavos. Cabe notar que, en el texto paralelo en Efesios, se menciona no solamente el hecho de que los amos tienen amo, sino que también se les advierte que han de tratar a los esclavos de igual manera que los siervos o esclavos han de tratarles a ellos: "Y ustedes, amos, hagan con ellos (los siervos) lo mismo, dejando las amenazas porque ustedes saben que el mismo Señor de ellos y de ustedes está en los cielos" (Ef 6:9). Efesios también les recuerda a los esposos que ellos mismos son parte de la esposa de Cristo; es decir, que ellos también tienen esposo (Ef 5:25-28). Ni una epístola ni la otra señalan lo obvio respecto a los padres: que ellos también tienen un Padre celestial.

Este pasaje en Colosenses, y los demás ejemplos de "legislación familiar", nos crean dificultades hoy, pues parecen proponer un orden social opresivo del cual, tras luchas que han tomado generaciones, por fin hemos logrado librarnos en cierta medida. Estas dificultades tienen consecuencias prácticas cuando, por ejemplo, un grupo de mujeres se reúne para estudiar la Biblia y decide que deben obedecer a sus maridos en todo, pues eso es lo que la Biblia manda. Pero hay una diferencia notable entre esto y lo que ocurriría en Colosas al leer esta carta: normalmente, la mayor parte de la lectura de la Biblia tenía lugar no en grupos apartados, sino en el seno de la iglesia. Por tanto, cuando aquellas mujeres en Colosas escuchaban lo que se les decía a ellas, también escucharían lo que se les estaba diciendo a sus maridos. Cuando los esclavos oían lo que se les decía, también escucharían lo que se les decía a los amos. Y tanto los maridos como los amos sabrían que sus esposas y esclavos habían escuchado no solamente la palabra dirigida a ellos mismos, sino también lo que se les decía y mandaba a los maridos y los amos. En general, lo que en esta legislación familiar se dice acerca de las responsabilidades de las mujeres, los hijos y los siervos no era cosa nueva y, por tanto, no sorprendería. Pero sí sería sorprendente y hasta revolucionario lo que se les decía a los esposos, los padres y los amos.

VII

CONCLUSIÓN: 4:2-18

LA ORACIÓN Y EL TESTIMONIO PERSONAL: 4:2-6

2 Perseveren siempre en la oración, vigilando en ella con acción
de gracias. 3 A la vez, oren también por nosotros a fin de que
el Señor nos abra una puerta para la palabra para comunicar
el misterio de Cristo, por lo cual estoy aún preso. 4 Oren para
que yo lo presente con claridad, como me es preciso hablar.
5 Anden sabiamente para con los de afuera, redimiendo el
tiempo. 6 Que la palabra de ustedes sea siempre agradable, sazonada
con sal, para que sepan cómo les conviene responder a cada uno.

La carta va llegando a su cierre. Estos cinco versículos son un resumen que refuerza las amonestaciones que se han hecho antes. Quienes estarían escuchando esta carta leída en voz alta ante la congregación sabrían, por el tono mismo de estas palabras, que estaban a punto de llegar al final de la carta.

2: PERSEVEREN SIEMPRE EN LA ORACIÓN, VIGILANDO EN ELLA CON ACCIÓN DE GRACIAS: La constancia en la oración se ha mencionado ya como práctica de Pablo y sus acompañantes. La oración es importante porque, a pesar de haber muerto y resucitado con Cristo en su bautismo, los cristianos seguirán sufriendo tentación, y tendrán que seguir buscando "las cosas de arriba" (3:1). Por la misma razón, hay que estar **"vigilando en ella"**. Esto nos recuerda el "hagan morir lo terrenal en sus miembros" de 3:5. Pero esa oración y esa vigilancia tienen que tener lugar **"con acción de gracias"**. En todo esto, la epístola vuelve a sus primeros versículos, en los que Pablo declara que él y sus compañeros están siempre dando gracias por los colosenses y por su fe, y rogando que "sean llenos del conocimiento de su voluntad en toda sabiduría y plena comprensión espiritual".

3: A LA VEZ, OREN TAMBIÉN POR NOSOTROS: La visión de la comunidad de fe o iglesia que se presenta en toda la epístola es la de un solo cuerpo unido por una sola Cabeza, que no es otro que Cristo. Ese cuerpo, "aferrándose a la cabeza… nutrido y unido por coyunturas y ligamentos, crece con el conocimiento que da a Dios". No solamente Pablo y sus compañeros tienen que orar por los colosenses, sino que también estos últimos tienen que orar por los primeros.

… a fin de que el Señor nos abra una puerta para la palabra para comunicar el misterio de Cristo, por el cual estoy aún preso: Las palabras "puerta abierta" se citan frecuentemente en un contexto misionero. Así, en las cartas de cualquier misionero, particularmente durante los últimos dos siglos, encontramos la afirmación de que "el Señor ha abierto una puerta". Normalmente esto se refiere a algún cambio en la política de una nación, o a la invitación de alguna persona o grupo a predicar el evangelio. Tal uso no es desacertado; pero tenemos que tener en cuenta el contexto en el que se dicen estas palabras en Colosenses para ver todo su verdadero peso. Lo que la epístola nos dice es que Pablo está preso y pide que se ore para que se **"abra una puerta"**. Si un prisionero escribe tales palabras, se está refiriendo no a alguna oportunidad en algún lugar, sino más bien a su propia libertad. Pero, en este caso, Pablo no pide salir de la prisión por su propia libertad, sino que quiere que esa puerta se abra **"para la palabra para comunicar el misterio de Cristo, por el cual estoy aún preso"**. Pablo está preso por su predicación; y quiere ser libre para poder predicar.

4: OREN PARA QUE YO LO PRESENTE CON CLARIDAD, COMO ES PRECISO HABLAR: Lo que aquí se traduce por "presentar" (*faneroō*) tiene connotaciones de revelar, mostrar o manifestar. Esas connotaciones se refuerzan por el uso del término "misterio" en el versículo anterior. Lo que aquí se traduce por **"es preciso"** tiene fuerza de necesidad, no solamente en el sentido de que es necesario hacerlo, sino también el sentido de que es inevitable.

5: ANDEN SABIAMENTE PARA CON LOS DE AFUERA: Literalmente, el texto dice "anden en sabiduría" (*en sofia*); pero la traducción de la RVA comunica correctamente el sentido de la frase. Nótese que no se trata de una sabiduría en el sentido de saber mucho, sino más bien de un comportamiento sabio. Lo que es más, esto no se refiere al comportamiento privado, sino a un andar en sabiduría "para con los de afuera". Esto es paralelo a lo que se ha dicho poco antes en la legislación familiar. Aunque un esclavo sepa que su amo tiene que tratarle con justicia y equidad, pues él también es siervo del Amo celestial, y aunque el amo humano sepa lo mismo, su comportamiento mutuo deberá ser sabio a fin de no escandalizar a quienes los vean.

... redimiendo el tiempo: Esta frase se cita frecuentemente al amonestarnos a no perder el tiempo, a "redimir el tiempo" en el sentido de no desperdiciarlo. Aparentemente por razón de esta frase, en algunas iglesias de la tradición wesleyana, al ordenar a una persona se le requiere prometer que no permanecerá en ningún lugar más tiempo que el que sea necesario o útil. Pero la palabra que aquí se traduce por "tiempo" (*kairos*) no es la que normalmente se usa para referirse a la extensión del tiempo (*jronos*), sino que se refiere más bien a un tiempo o momento particularmente significativo. La primera de esas dos palabras griegas se usaría al decir, por ejemplo, "ha llegado el tiempo" o "hay que discernir los tiempos". La segunda se usaría, por ejemplo, al decir "no tengo tiempo". Luego esta frase en Colosonses no se refiere tanto a no desperdiciar el tiempo sino más bien a no perder las oportunidades respecto a la presentación del evangelio. Más particularmente, el andar sabiamente **"para con los de afuera"** se entiende entonces como estar alerta a toda oportunidad de presentarles el evangelio a **"los de afuera"**.

6: QUE LA PALABRA DE USTEDES SEA SIEMPRE RAZONABLE, SAZONADA CON SAL: La traducción de la RVR es más literal: "Sea vuestra palabra siempre *con gracia*, sazonada con sal" (énfasis del autor). Aparentemente, la RVA lo ha traducido por **"razonable"** porque, en el contexto actual, hablar "con gracia" o ser "gracioso" se refiere al buen humor o hasta a lo chistoso. En este contexto, la palabra "gracia" (*jaris*) quizá podría traducirse mejor por "cortés" o "de buen gusto". La aseveración de que esa palabra ha de ser **"sazonada con sal"** nos recuerda el uso en nuestra lengua de "tener salero". Aunque en algunos contextos eso significa ser chistoso y hablar ligeramente, también puede querer decir ser interesante y simpático. Según esta admonición, los creyentes han de hablar de tal modo que lo que digan sea a la vez cortés e interesante o atrayente.

LA MISIÓN DE TÍQUICO Y ONÉSIMO: 4:7-9

7 Todos mis asuntos se los hará saber Tíquico, hermano amado,
fiel ministro y consiervo en el Señor. 8 Lo envío a ustedes con este
fin: para que conozcan nuestros asuntos y para que él anime sus
corazones. 9 Lo envío con Onésimo, el fiel y amado hermano, quien
es uno de ustedes. Ellos les informarán de todo lo que pasa aquí.

Estos tres versículos son de suma importancia, aunque rara vez nos llamen la atención. Cuando en la antigüedad se enviaba una carta, se hacía lo posible para que el portador pudiera también servir de intérprete, explicándoles a quienes la recibirían cualquier punto que no estuviera claro, y ampliándoles cualquier noticia que quisieran saber. En este caso, el principal portador de la carta es **Tíquico**, cuyo nombre aparece también como acompañante de Pablo en Hechos 20:4, y como portador de sus cartas no solamente en este pasaje que estudiamos ahora, sino también en Efesios 6:21, 2 Timoteo 4:2 y Tito 3:12. Que **Tíquico** no es solamente portador, sino también mensajero de Pablo, resulta claro por las palabras **"todos mis asuntos se los hará saber Tíquico"**. También, como acompañante de

Tíquico, aparece aquí **Onésimo**, quien sería portador de la carta a Filemón. Este Onésimo es **"uno de ustedes"**; es decir, es de Colosas, aunque posiblemente los colosenses no sabrían todavía que había venido a ser un **"fiel y amado hermano"** tanto de Pablo como de los cristianos a quienes la carta se dirige.

SALUDOS FINALES: 4:10-18

10 Los saludan Aristarco, prisionero conmigo; Marcos, el primo
de Bernabé (ya han recibido instrucciones acerca de él; si va a
ustedes, recíbanle) 11 y Jesús, llamado Justo. Ellos son los únicos de
la circuncisión que son colaboradores conmigo en el reino de Dios y
que me han servido de consuelo. 12 Los saluda Epafras, quien es uno
de ustedes, siervo de Cristo, siempre solícito por ustedes en oración,
para que estén firmes como hombres maduros y completamente
entregados a toda la voluntad de Dios. 13 Porque doy testimonio
de él, de que tiene gran celo por ustedes, por los de Laodicea y
por los de Hierápolis. 14 Los saludan Lucas, el médico amado, y
Demas. 15 Saluden a los hermanos que están en Laodicea: a Ninfa
y a la iglesia que está en su casa. 16 Cuando esta carta haya sido
leída entre ustedes, hagan que se lea también en la iglesia de los
laodicenses; y la de Laodicea léanla también ustedes. 17 Digan a
Arquipo: "Cuida el ministerio que has recibido del Señor, para que
lo cumplas". 18 Ahora, la salutación de mi propia mano, de Pablo.
Acuérdense de mis prisiones. La gracia sea con ustedes.

10: LOS SALUDAN ARISTARCO, PRISIONERO CONMIGO: Para terminar la carta, como haríamos hoy, el autor envía a los cristianos colosenses saludos de parte de todos sus acompañantes. El primero que se menciona es **Aristarco**, cuyo nombre también se incluye entre quienes saludan a Filemón en la carta dirigida a él y a los creyentes en su casa. En Hechos 19:29; 20:4 y 27:2 se menciona a cierto Aristarco. Este era oriundo de Macedonia, y aparentemente de origen gentil. En tal caso, o bien el Aristarco que se menciona en Colosenses es otra persona, o bien no se debe aplicar a él lo que se dice más adelante, que los mencionados "son los únicos de la circuncisión que son colaboradores conmigo". En todo caso, este Aristarco está preso al igual que Pablo.

Marcos, el primo de Bernabé (ya han recibido instrucciones acerca de él; si va a ustedes, recíbanle): Este Marcos es el "Juan Marcos" que aparece repetidamente en el libro de Hechos, y a quien tradicionalmente se atribuye el segundo Evangelio. En Hechos se cuenta que Marcos abandonó a Pablo y a Bernabé en su primer viaje misionero, y que después la cuestión de volver a recibirle o no como colaborador fue motivo de una disputa entre Pablo y Bernabé. A la postre se reconciliaron. Aquí, y también en Filemón 24, aparece como colaborador de Pablo, quien piensa que es posible que su joven colega llegue a Colosas, y les ruega a los cristianos de esa ciudad que en tal caso le reciban. Si de hecho Marcos llegó a la ciudad o no, y cuál fue el resultado de su trabajo, es imposible saberlo.

11: JESÚS, LLAMADO JUSTO: De este personaje no se sabe más que lo que aquí se dice.

Ellos son los únicos de la circuncisión que son colaboradores conmigo en el reino de Dios y que me han servido de consuelo: No está claro si el "ellos" incluye o no a Aristarco. Si es el mismo personaje de ese nombre que se menciona en Hechos, quien era de origen macedonio, lo más probable es que Aristarco haya sido también gentil y, por tanto, no se contaría entre los **"de la circuncisión"**.

12-13: LOS SALUDA EPAFRAS: Véase el análisis de 1:7. Casi todo lo demás que aquí se dice acerca de Epafras es repetición de lo que ya se ha dicho. Lo que aquí se añade es que Epafras **"tiene gran celo por ustedes, por los de Laodicea y por los de Hierápolis"**. Como vimos en la Introducción, esas dos ciudades eran cercanas a Colosas, a la que iban eclipsando.

14: LES SALUDAN LUCAS, EL MÉDICO AMADO, Y DEMAS: Tanto Lucas como Demas se encuentran también entre quienes envían saludos a la iglesia en casa de Filemón. De Demas solo se puede añadir que, según 2 Timoteo 4:10, abandonó a Pablo "habiendo amado el mundo presente, y se fue a Tesalónica". De Lucas es mucho lo que se dice y poco lo que se sabe. Tradicionalmente se le ha atribuido la autoría del tercer Evangelio y de Hechos. Como prueba de que se trata de la misma persona, **"el médico amado"**, se aducen algunos pasajes en Lucas y Hechos que parecen demostrar algún conocimiento médico. Pero algunos eruditos afirman que las referencias a cuestiones médicas en esos libros no muestran más que los conocimientos que podría tener cualquier persona culta en ese tiempo.

15: SALUDEN A LOS HERMANOS QUE ESTÁN EN LAODICEA: A NINFA Y LA IGLESIA QUE ESTÁ EN SU CASA: De Ninfa no se sabe más que lo que aquí se dice. Se da a entender que, en Laodicea, la casa de Ninfa era lugar de reunión para los cristianos. La carta no implica necesariamente que Pablo la haya conocido, pues es posible que sencillamente haya tenido referencias acerca de ella y de la iglesia en su casa a través de Epafras, y les esté mandando saludos en nombre de sus acompañantes.

16: CUANDO ESTA CARTA HAYA SIDO LEÍDA ENTRE USTEDES, HAGAN QUE SE LEA TAMBIÉN EN LA IGLESIA DE LOS LAODICENSES: Desde tiempos muy antiguos, era costumbre compartir con iglesias cercanas cualquier carta o comunicación importante que se recibiera y que pudiera servir de instrucción o de inspiración para otras personas.

... y la de Laodicea léanla también ustedes: Esto da a entender que, al mismo tiempo que Pablo escribía la carta a los colosenses y otra a Filemón en la misma ciudad, le escribía una tercera a la iglesia en Laodicea. Como se ha dicho en la Introducción, algunos han sugerido que el documento que ahora llamamos Efesios pueda ser la perdida carta a Laodicea.

17: DIGAN A ARQUIPO: En Filemón 2, Pablo incluye a Arquipo entre las personas a quienes se dirige la carta, y le llama "nuestro compañero de milicia". Esta referencia a Arquipo aparece al final de la carta, después de todos los otros saludos, y entre todos esos saludos es el único que incluye un mensaje. En este caso ese mensaje es **"Cuida el ministerio que has recibido del Señor, para que lo cumplas"**. No es posible saber mucho acerca de en qué haya consistido ese **"ministerio"**, aunque ciertamente se da a entender que Arquipo era uno de los líderes de la iglesia en Colosas y, por tanto, la carta termina con una palabra de instrucción y estímulo dirigida a él.

18: AHORA, LA SALUTACIÓN DE MI PROPIA MANO, DE PABLO: Como era costumbre entonces, la carta había sido dictada. Un escribano posiblemente más ducho que el propio Pablo la transcribiría, probablemente primero en forma de borrador y luego en una copia final. Ahora Pablo, tras leer lo que el escribano le da como copia final, añade unas pocas palabras de su propia mano. Tal cosa era común, como vemos también en Gálatas 6:11. Pero, naturalmente, la **"propia mano"** del escritor desaparecería tan pronto como se hicieran copias de la carta para distribuirla a otras iglesias, en este caso, al menos a la de Laodicea.

Acuérdense de mis prisiones: Esto parece constituir una petición de oración a favor de Pablo.

La gracia sea con ustedes: En su estructura, esto es una despedida normal en las cartas de entonces. Frecuentemente, se terminaba con frases tales como "la paz sea con ustedes" o "la fortuna sea con ustedes". Aquí, la **"gracia"** es la de Dios, acerca de la cual trata buena parte de la epístola. La RVR añade a esto la palabra "Amén". Esto se debe a que hay manuscritos antiguos que la incluyen.

EPÍLOGO

Hemos terminado nuestro estudio de Colosenses, y bien podríamos pensar que regresamos ahora de un mundo extraño. Allí se habla de temas que no son típicos en nuestras conversaciones cotidianas. Se habla de "principios elementales" del mundo. Se habla de amos y esclavos. Se emplean frases insólitas hoy día, como "la autoridad de las tinieblas", "la imagen del Dios invisible", "el primogénito de entre los muertos", el "misterio de Dios", "tesoros escondidos de sabiduría y de conocimiento", una "circuncisión no hecha con manos", un morir y volver a vivir, y muchos otros temas que hoy no aparecen en las noticias de televisión, ni en los discursos políticos, ni en las escuelas, ni en los talleres y las oficinas.

En cierto modo, esa realidad misma nos ayuda a entender el mensaje de Colosenses. Esta epístola, dirigida a un pequeño grupo de creyentes en un rincón del vasto Imperio Romano, no se queja de lo pequeña que es la iglesia, sino que se atreve a decir, sin embargo, que el mensaje de Cristo "está llevando fruto y creciendo en todo el mundo", y que Cristo "despojó a los principados y las autoridades". Hoy también, al leer esta epístola, hay cristianos desanimados porque les parece que hay fuerzas mayores que el evangelio de Jesucristo; que hay "principios elementales" del mundo, "principados y autoridades" que son más poderosos que la fe. Por tanto, hoy también tenemos que escuchar las palabras de la epístola que nos anuncia que Cristo "despojó a los principados y las autoridades, y los exhibió como espectáculo público habiendo triunfado sobre ellos en la cruz". Los eruditos discuten el carácter exacto de los errores que Colosenses intenta refutar. Hay en ellos elementos gnósticos, elementos judaizantes, elementos de las religiones de misterios, y quién sabe cuánto más. Hoy también, los errores que amenazan al cristianismo se confunden en una amalgama de secularismo, astrología, agnosticismo, superstición, falsos evangelios que prometen prosperidad como si la cruz hubiera quedado detrás, falsos apóstoles que se enriquecen a costa de los crédulos… Y hoy también, frente a todo esto, tenemos que afirmar una vez más que en Cristo está toda la plenitud de la Deidad; que en Él están escondidos todos los tesoros de la sabiduría; que su extraño triunfo, como el nuestro, tiene lugar a través de la muerte, el sufrimiento y la resurrección.

Tras nuestra incursión en el mundo de la epístola, regresamos ahora al mundo cotidiano; al mundo de las noticias y los políticos; al mundo de los talleres y las oficinas; al mundo de las pandemias y las vacunas; en fin, al mundo mayormente secular de este siglo XXI. Bien podríamos pensar que tenemos que dejar a un lado lo que hemos leído y aprendido en el estudio de esta epístola, y volver a la vida cotidiana como si nada hubiera acontecido.

Pero lo que la epístola nos dice es que mucho ha acontecido. Lo que ha tenido lugar en Cristo es que se ha revelado el misterio escondido desde antes de la creación del mundo y a través de todas las generaciones. Lo que la epístola dice es que este misterio no es de derrota y de dudas, sino de victoria y esperanza. Lo que la epístola dice es que este misterio no es otro que Cristo; que Cristo lo es todo en todos; que en Él están escondidos todos los tesoros de la sabiduría y del conocimiento. Esos tesoros escondidos de sabiduría y de conocimiento incluyen los misterios de los orígenes y el propósito del universo, los misterios de los átomos y las galaxias, los misterios del corazón. Incluyen, en fin, misterios que el propio Pablo jamás se plantearía. Pero, a pesar de eso, la epístola nos dice que, por encima de todos esos misterios, por encima de todos los tesoros de la sabiduría y del conocimiento, está Cristo. ¡Es Cristo entre nosotros, la esperanza de gloria!